枪炮与大清皇权

殷靖 著

A Brief History of the Qing Dynasty

图书在版编目（CIP）数据

枪炮与大清皇权 / 殷靖著. —南京：江苏凤凰文艺出版社，2020.5
ISBN 978-7-5594-3320-6

Ⅰ.①枪… Ⅱ.①殷… Ⅲ.①中国历史—清代—通俗读物 Ⅳ.①K249.09

中国版本图书馆 CIP 数据核字（2019）第 026615 号

枪炮与大清皇权

殷 靖 著

出 版 人	张在健
责任编辑	高竹君　傅一岑
特约编辑	钟小萌
装帧设计	马海云
责任印制	刘　巍
出版发行	江苏凤凰文艺出版社
	南京市中央路 165 号，邮编：210009
网　　址	http://www.jswenyi.com
印　　刷	江苏扬中印刷有限公司
开　　本	652 毫米×960 毫米　1/16
印　　张	16.75
字　　数	192 千字
版　　次	2020 年 5 月第 1 版　2020 年 5 月第 1 次印刷
书　　号	ISBN 978-7-5594-3320-6
定　　价	37.00 元

江苏凤凰文艺版图书凡印刷、装订错误可随时向承印厂调换

目　录
CONTENTS

第一章　建国大业——草根励志的典型
第一节　想当忠臣却被弃 / 003

第二节　草原上升起的星 / 006

第三节　一战定乾坤 / 010

第四节　理不清的家务事 / 012

第五节　大明反击战 / 015

第六节　不甘心离去 / 017

第二章　四贝勒的时代——富二代还是有作为的
第一节　即位的阴谋 / 021

第二节　打仗我不行，治国你们不行 / 023

第三节　一生之敌 / 025

第四节　扫清外围 / 028

第五节　松锦之战 / 029

第六节　神秘死亡 / 032

第三章　生无可恋——想出家的皇帝
第一节　捡来的皇位 / 037

第二节　当不了皇帝，就控制皇帝 / 039

第三节　天赐良机 / 042

第四节　委屈至极的皇帝 / 045

第五节　顺治亲政 / 047

第六节　江山美人 / 050

第四章　开启盛世——康熙的文治武功

第一节　小皇帝不天真 / 055

第二节　铁腕平三藩之乱 / 058

第三节　谁不服？出来！ / 061

第四节　平定沙俄 / 065

第五节　理不清的家务事 / 067

第六节　康熙时代的文化艺术成就 / 070

第五章　上位博弈——不被看好的人当了皇帝

第一节　为什么是他 / 077

第二节　皇帝不好伺候 / 079

第三节　铁血改革 / 083

第四节　为自己辩护 / 087

第五节　最离奇的驾崩 / 092

第六章　好运皇帝——干什么什么成

第一节　为当皇帝而生 / 099

第二节　名臣是这样炼成的 / 102

第三节　文治武功 / 106

第四节　风流皇帝 / 109

第五节　贪官养成记 / 114

第六节　盛世危机 / 117

第七章　王朝危机——皇帝不是那么好当的

第一节　天生出了两个太阳 / 125

第二节　君臣博弈 / 129

第三节　当头棒喝 / 133

第四节　杀进皇宫的好汉们 / 136

第五节　无可奈何的君王 / 140

第六节　突如其来的死亡 / 142

第八章　夕阳晚照——无能为力的朝政

第一节　想即位，气不足 / 147

第二节　危机降临 / 149

第三节　被鸦片战争打倒的中国 / 152

第四节　不对称的战争 / 157

第五节　被战争改变的中国 / 164

第六节　磨磨蹭蹭的皇位继承 / 171

第九章　苦命天子——想奋起却有心无力

第一节　别瞧不起哥，哥不是传说 / 179

第二节　天国争霸 / 181

第三节　皇帝、权臣、造反者斗法 / 184

第四节　洋人又来了 / 190

第五节　一个女人 / 197

第六节　自暴自弃的皇帝 / 199

第十章　小皇帝的宿命

第一节　一个女人引发的战争 / 205

第二节　天国凋零 / 208
第三节　地方实力派兴起 / 211
第四节　洋务中兴,帝国和大臣之间的抉择 / 215
第五节　母子间的战争 / 217
第六节　是天花还是梅毒害死了他 / 220

第十一章　腰杆硬不起的皇帝

第一节　最不寻常的即位 / 225
第二节　女人的阴影 / 228
第三节　甲午战争 / 230
第四节　变法图存,无法玩下去的游戏 / 233
第五节　神灵救国 / 235
第六节　瀛台晚照 / 237

第十二章　王朝末日——妥协和不妥协都救不了大清

第一节　小皇帝即位,心都凉了 / 243
第二节　骗人的皇族内阁 / 245
第三节　革命的先行者 / 247
第四节　书生造反 / 249
第五节　首义枪声 / 252
第六节　无可奈何花落去 / 254

第一章

建国大业
——草根励志的典型

女真是一个富有传奇色彩的民族,曾经在中原大地上建立了赫赫有名的政权——金。后来虽然在元朝的打击下,国破人亡,但活下来的女真人逃回到以前的栖息之地之后,又在那里蛰伏下来,开启了多年的养精蓄锐模式。慢慢地,民族恢复了元气,人口滋长,部落丛生,辽东大地便从此成了满人的天下。

第一节　想当忠臣却被弃

　　大明建立以后，对汉族以外的事务不怎么上心，尤其是对于地处辽东的女真族，从朱元璋时期起，只设立了辽东都指挥使司、奴儿干都司等机构，处理一些皇帝不想管的杂事。

　　虽然大明对他们明显不重视，但这对于女真人来说却是另外一种含义。在他们看来，汉人没蒙古人那么残暴，给了自己名分，又不打扰自己生活，就凭这一点，大明就比大元强百倍。于是女真人非常卖力地给明朝皇帝打工、表忠心，从不给明朝添乱。其中，建州女真就是跟大明跟得最紧的一支。其首领觉昌安和其子塔克世不仅是大明的属官，还把部落未来的继承人——觉昌安的孙子努尔哈赤（弩尔哈齐）送到辽东总兵李成梁手下当家将。

　　觉昌安的想法很简单，那就是女真这个大家族的各色家长都在想办法讨好李成梁，要送礼大家都一样，除了人参、貂皮之类的，也没什么拿得出手的东西，如果想要与众不同，那就送点出格的东西，把未来的酋长努尔哈赤送给辽东老大当家将，这份忠心该是别人没有的吧？将心比心，女真当中还有谁比他们对明朝、对李成梁更贴心呢？

　　从辽东的女真部落来到大明辽东总兵府里给总兵大人当家将，那对任何人来说，都是一步登天的机遇，更何况汉满两个民族当初还是不平等的。所以这对于努尔哈赤来说，无异于获得了一个能力大提升的机会。李成梁文武双全，治军有方，跟在李成梁身边，光是看，也能学到不少东西。就这样，努尔哈赤从一个没见过什么世面的小伙子，一步一步成为满族英才。

　　虽然觉昌安把未来的小酋长送到李成梁那里当奴才，但不等

于建州女真就有了在女真部落大家庭里当老大的特权。相反，这种不遮掩的行动更让其他女真部落感到了危险，觉得要是不抓紧时间干掉建州女真，以后说不定还真的会成为努尔哈赤部落的附庸了。有不服气的女真部落觉得应该提早动手，除掉对自己有威胁的觉昌安，自己当老大号令各个部落。其中，尼堪外兰就是行动最积极的一个。

尼堪外兰的部落力量虽然强大，但想凭自己的力量收服各个女真部落是不可能的。他也知道其他几个首领不是让自己随意捏的软柿子。所以想来想去，尼堪外兰觉得用借刀杀人的方法来达到自己的目的最好。那找哪把刀呢？当然就是李成梁了。

于是尼堪外兰利用李成梁急于消灭女真哈达部的王台（也称阿太）的心理，自告奋勇当先锋和带路党，领着明军包围了王台所占据的古勒寨。此时，建州女真部落的酋长觉昌安因孙女嫁给王台，两家正是姻亲关系，不想王台就这么死在李成梁手里，便和儿子塔克世自告奋勇去讨令，说可以劝王台归降。李成梁也不想多浪费时间就答应了他们。

觉昌安和儿子塔克世走进被围困的寨子里，劝王台投降。不想王台是个倔脾气，说什么也不愿投降，双方僵持很久也没个结果。

等在外面的尼堪外兰肯定不愿意放过这个消灭王台发财、抢地盘的机会，不断在明军将领面前煽风点火。明军也觉得不能就这么结束，他们花这么大力气，死了这么多人，就是为了冲进去大抢一番，发点横财。要是王台真投降了，就什么都得不到了。明军不再耽误，一声令下开始进攻。结果寨子被攻克，王台加上觉昌安和塔克世全部被杀。

努尔哈赤得知祖父和父亲被误杀，立刻急了，马上找到带队的明将讨公道:"你们杀错人了,怎么就把进去劝降的人给杀了呢?我祖父和父亲是去劝降的,不是反叛。"

明将也觉得这事真闹起来不好收拾,毕竟李成梁是这里的土皇帝,他手下的家将好歹也是个人物,得赶紧息事宁人为好。于是明军将官恩威并用地对他说:"这事就算了,你要是不听话闹起来的话,那我们就援助尼堪外兰打你们建州女真,你觉得你能对付他吗?"

努尔哈赤知道此时鸡蛋碰不过石头,只好忍气吞声,不再强求。明将见压住了他,就对他说,既然这件事让他受了委屈,那他们就给他一些补偿。于是努尔哈赤额外得到三十道大明的敕书,马三十匹,外加一道都督敕书,还让他承袭了其祖父的官职,当了大明的都指挥。

这样,努尔哈赤就和尼堪外兰平起平坐了。但大明对于女真是以糊弄为主的,这两个人都成了都指挥使,谁听谁的,谁是在职的,谁又是候补的却没说。那意思是你们打一架,谁活着,谁就是在职的,谁死了,谁就是候补的。

尼堪外兰当然知道这是怎么回事,马上派人去找努尔哈赤说:"你马上归顺我,我不找你麻烦,不然别怪我不客气。打你祖父和父亲,我还要借用明朝的力量,打你就不必费这个心了。"

努尔哈赤本来想着这事就生气,见尼堪外兰还来命令自己当部下,这气就更大了:"你本来是我家的下属,杀了我祖父和父亲二人不说,还要我给你当下属,看来是想永远压着我的部落了。做梦吧。"

两人正式翻脸,都立下了要除掉对方的心思。

这时女真其他部落都开始重新选择同盟,尼堪外兰实力强大,又因为除掉王台有功,成了明朝的红人,而努尔哈赤满打满算只有

几百人,盔甲十三副,这一比,女真人都觉得跟着尼堪外兰有前途。于是尼堪外兰就成了女真盟主,努尔哈赤被孤立了。就连努尔哈赤的族人也觉得跟努尔哈赤在一起太危险,暗地里打算杀掉他,免得跟他一起殉葬。

人一得意就容易忘形。尼堪外兰觉得努尔哈赤是个小毛孩,不需要多少帮手也能搞定他,于是决定先扫清外围,最后再腾出手来收拾努尔哈赤。不想这一想法一实施,就把一些原本成为盟友的人搞得心神不定,大家都觉得这尼堪外兰现在不把他们当人,要是真的让尼堪外兰赢了,那大家还怎么活?于是就有四大部落跑去找努尔哈赤,说要和他结盟,共同对付尼堪外兰。努尔哈赤见有了盟军,马上杀牛宰羊,和四大部落结盟,共同对付尼堪外兰。

第二节 草原上升起的星

努尔哈赤是个人物,在兵不强马不壮的情况下,就敢于和尼堪外兰叫板,让尼堪外兰感觉到了威胁,现在又有了同盟军,那就更不得了了。尼堪外兰开始认真思考怎么消灭这个愣小子。

努尔哈赤虽然敢和尼堪外兰硬扛,但他周围的人可不都是这么想,毕竟尼堪外兰是大明的红人,兵马又多,跟着努尔哈赤与尼堪外兰斗,后果不堪设想,应该把努尔哈赤交给尼堪外兰,换得永久和平。于是有人开始打歪主意,想利用努尔哈赤当见面礼。

如此凶险的局面,努尔哈赤不是不知道,所以他格外小心,走到哪,都带着刀。其间,他几次成功躲过了刺客的袭击,也让众人知道了他的勇气与能力,逐渐甘心追随他。而努尔哈赤也有英雄的胸襟,知道在自己实力弱小时,要暗藏锋芒。所以即使抓住了刺客,他也假装糊涂,不去追究幕后指使人,让对方陷入麻痹之中。

几年后,养精蓄锐的努尔哈赤,就这样在不知不觉中统治了几大部落,整肃了家族,成为无可争议的部落领袖。

本钱有了,自然就该干正事了,努尔哈赤觉得应该和尼堪外兰分出高下了。1586年,他主动出击,带兵去攻打尼堪外兰的老巢。

这几年,尼堪外兰养尊处优,早就把努尔哈赤给忘了。现在努尔哈赤带人一攻,他连照面都不敢打,马上带着家人、部属逃到浑河部的嘉班城。

浑河部以前愿意归属尼堪外兰,是因为尼堪外兰有势力,现在见他连与努尔哈赤打照面都不敢,跑到自己这里就不是避难,而是引来灾难了。哪里还敢跟他一起蹚浑水,巴不得这个灾星赶快走,自己好多活些日子,就对他非常冷淡,要什么没有什么。尼堪外兰知道现在只能靠自己了。等到努尔哈赤率兵前来时,他马上脱离嘉班城,继续逃命。

这次往哪逃?尼堪外兰想着自己还是明朝都指挥使,是大明的官员,要是跑到边界,努尔哈赤再杀自己,那就是造反了。于是他一口气跑到抚顺,求大明将庇护。

大明边将本来就希望努尔哈赤和尼堪外兰能相互打斗,现在见两人真打起来了,尼堪外兰如此不中用,觉得帮一个废物耗时耗力,还不讨好,就懒得搭理他,连城都不让他进。同时,还派人告诉努尔哈赤:"你们的事,我们不管,你想怎么样就怎么样吧。"

努尔哈赤正为尼堪外兰跑到边境心烦,见大明送来了这样的口信,喜出望外,立刻派自己的得力部下赶到抚顺城,不费吹灰之力就抓住了仇人尼堪外兰。对他,努尔哈赤也不多废话,直接一刀砍下了他的脑袋,算是为祖父和父亲报了血海深仇。

除掉了仇人,努尔哈赤开始了统一女真的大业。虽然他干掉了最大的部落首领,自己身上还有明朝都指挥的任命,但女真部落

都是一群好勇斗狠的人,只认拳头,不认什么任命。要想当老大,还得拿刀枪来说话。努尔哈赤又马不停蹄地开始了征战。

从1587年开始,到1593年这七年时间里,努尔哈赤身先士卒,领着人马收复了鸭绿江沿岸的三大部落。在这期间,努尔哈赤拳头和怀柔政策并举,不再像以前那样收复部落就杀掉头领,而是吸收他们进入决策中心,担任最有权势的五大臣。建州女真团结的部落开始不再有背叛之心,顺从地听候努尔哈赤的调遣。

努尔哈赤虽然实力强大了,但对于明朝,他依然没有什么违逆之举,还是以都指挥使的身份,伺候明朝,对明朝的差遣,从不违抗。一些小部落的首领杀了明朝的官吏,逃到他这里,他也一概杀掉,把头送到大明边将那里报功。

努尔哈赤的表现,让大明边将十分满意,不但不找他的麻烦,还不断向中央政府说他的好话,为他增加头衔,给了他都督的地位。努尔哈赤在辽东不仅扩大了领土,在治理部落方面,也取得了成绩,他不但让女真经营农业生产,还取得了两大财源,第一是得到明朝的贡赏,第二是垄断了女真的貂皮、人参的贸易权。这样一来,他迅速成为女真的暴发户。

但是,有钱是最容易让别人感到眼红的。努尔哈赤扩充领土,已经让人不爽了,现在又垄断了贸易和向明朝领取贡赏权,其他部落的首领不干了,觉得再这样下去,女真还真要成为努尔哈赤一个人的了,于是都想要跟他斗一斗。

既然不服,靠说服工作是行不通的,那就只有刀兵相见了。于是,努尔哈赤统一女真的最后决战开始了。

领头和努尔哈赤对抗的是叶赫部。叶赫部首领找到努尔哈赤说:"女真都是一个大联盟部落,哪有五主分治的道理?你的人多,我的人少,你应该分一部分人给我。"

努尔哈赤做梦都想统一女真,哪里会答应这种无理要求?于是,叶赫部召集联盟开会,决定跟努尔哈赤打开天窗说亮话,直接让他臣服于联盟,不然就开打。

使臣到了努尔哈赤那里,把九部联盟的要求说完,努尔哈赤当时就跳了起来,拔出刀把面前的桌子劈成两半,大声说:"当初我祖父、父亲被大明误杀,我要回了尸首,得到了大明的敕书和官职,你叶赫部首领的父亲也被大明杀了,尸体在哪里?连要回尸体的勇气都没有,还敢跟我斗狠?要打就打吧!"

双方既然撕破了脸,就只有兵戎相见了。

努尔哈赤根本不把九部落联盟放在眼里,他对部下分析说:"虽然他们人多,我们人少,但我们不必与他们苦战,只要据险而守,他们如果敢来,我就迎击;如果不来,我就分兵一个个攻打。他们都是些乌合之众,将领多,军令不统一,打一仗就让他们丧胆。"

部下听了他的话,都觉得有道理,纷纷表示愿意决一死战。结果果真如努尔哈赤分析的那样,九部联盟都想保存实力,让别人去冲锋陷阵,自己得好处。打仗不出力,结果就是一个"死"字。努尔哈赤率领自己的部下,或攻或守,几仗打下来,九部联盟冰消瓦解,最后全部归顺了努尔哈赤。

努尔哈赤当了女真霸主,看到了女真各部兵不听将,将不服从的弊端,决定对女真的军制进行改革,建立了牛录制。牛录是大箭的意思,每个牛录的人数不等,牛录组成军,也就是八旗军的建制。

努尔哈赤有着非凡的战略眼光。他知道自己要统一女真,就不能让明朝来干涉。于是他每年都向明朝献礼、表忠心,说收拾女真各部,就是想让大明边境清静,不惹麻烦。就这样成功地让明朝丧失了警惕之后,努尔哈赤不声不响地进行着女真的统一工作,并迅速转入整顿工作,不仅发明了文字,还发展了生产,实力蒸蒸日

上,当霸王的愿望已经难以满足他了,他要当女真的大汗。

1616年,努尔哈赤正式称汗,建立了金,被称为后金。但这个金国称号不能当着明朝的面亮出来,所以在和大明打交道时,努尔哈赤还是非常温顺,以下邦自居。就这样不声不响地过了两年,终于还是让明朝发现了。明朝派人来责问,两下闹翻,努尔哈赤正式和明朝翻脸。他把历年来受大明欺辱的事列成七大恨,公布于众,宣布不再是大明的臣子,而要与大明平起平坐。

第三节 一战定乾坤

大明朝没想到,养了这么多年的老实人就敢造反了,看来不能再让努尔哈赤这么折腾了,得赶快平了他。于是立刻派兵出击女真。

努尔哈赤见大明来势汹汹,也行动起来。他一边使缓兵之计,派人与大明谈判,说愿意派儿子到明朝做人质,一边又去送礼。大明被他弄糊涂了,这努尔哈赤都宣布造反了,还送儿子当人质,这是要打啊,还是不想打？这一疑惑就延误了战机,使得努尔哈赤做了充足的准备。结果一开打,大明就败了,连抚顺城都丢了。

抚顺是大明在辽东最重要的城市,这一丢,大明知道努尔哈赤不好惹了。要是不抓住这个时机把他打下去,以后就没安宁日子过了。

过去,辽东对于大明王朝来说,一直都属于偏远地区,如果不是女真人造反,朝廷是没兴趣管这个地方的。但有人造反,如果不赶快镇压,对大明朝廷来说,脸面就丢尽了。因此,朝廷动用了全国的力量,集中了四十万人马,以沈阳为中心,分兵四路,准备全歼努尔哈赤。

努尔哈赤得知明军出动后,丝毫不怕,一看分兵四路的架势,他心里就有底了,想:"不管你几路来,我只打一路,打不了四次,我就赢了。"

于是,努尔哈赤集中自己所有的六万兵马,严阵以待。

大明此时又犯了更大的错误,既然是和努尔哈赤这样的猛人打仗,就应该派个军人当统帅,但从宋朝起,因为对军人不放心,发明了以文治武的领导机制,使得军队的战斗力完全发挥不出来。大明继承了宋的官僚体制,以文人统帅军队,集合几路大军,但统率全军的却是一个文人杨镐。

杨镐是进士出身,读书的天赋那是不假,当了官后,还顺便搞了水利,成绩也不错,成了水利专家。朝廷想当然地认为,水都制服了,还制服不了努尔哈赤?八旗兵有多少人?最多也就几万人吧?大明四十万大军还弄不死这个小酋长?

古代读书人的理想就是出将入相,现在杨镐已经当了统帅,实现了一半的理想,这要是大胜了回去,就能入阁当宰相了。人生的理想,就这样实现了。这一辈子的事业就完成了,剩下的日子就是炫耀了。

有了这样的想法,杨镐就坐不住了,来了一次纸上谈兵,把各路武将平分下去,一人带一路,四处出击,自己坐在原地,等着捷报传来,就回京当宰相去。

明军第一路主力的指挥官是杜松,此人有勇无谋,又天生瞧不起努尔哈赤,也不等其他人马汇集,就抢先出发攻占了萨尔浒。然后在这里再一次分兵,留一部人守城,自己率领一部分精兵去找努尔哈赤决战。

这一下正合努尔哈赤的心意。他利用自己地头蛇的优势,带着全部人马首先攻克了萨尔浒大营,然后又急速赶到了杜松的身

后,趁着杜松率军渡河时,发起突袭。只一仗,就干掉了杜松。

紧接着,努尔哈赤又马不停蹄地干掉了从北边包抄过来的大明军队,开始向明军示威。明军不是想要干掉他吗?他就在这里等着。在沈阳坐镇的总指挥杨镐虽然也是进士出身,但不能跟前辈李成梁相比。一听说两路大军全军覆没,立刻慌了,连忙传令其余的两路大军赶快班师。结果,中路的明军一听说要撤军,立刻就向后转。正在山上巡逻的几十名努尔哈赤的兵一看明军撤了,立刻在山上大喊冲锋。吓得中路明军自相践踏,死伤无数。

最后一路明军的将领刘铤一下子就陷入了努尔哈赤的包围圈里,但他一点也不在乎。因为以往以少胜多的仗,他不知道打了多少,一个努尔哈赤又怎么样?于是,他在包围圈里冲杀几次,接连打了几个胜仗,也不知道见好就收,还想着弄死努尔哈赤。

努尔哈赤见刘铤不好惹,就想了一个办法,派一个俘虏去对刘铤说,杜松已经到了努尔哈赤的老巢赫图阿拉,希望他赶快去会合,一起攻城。刘铤生怕杜松抢了功劳,立刻带兵离开大营。结果走到山路里中了埋伏,不仅全军覆没,连自己的命也搭进去了。

萨尔浒一仗,不仅让努尔哈赤赢得了声誉,也让其政权更加稳固。从此,努尔哈赤建立的金政权正式成为大明的心头之患。

第四节 理不清的家务事

努尔哈赤是响当当的一代人杰,在统一女真的过程中,几乎每一次战役都是以寡敌众,但却能险中求胜;即使在与大明的对抗中,也不落下风,尽显一代雄主本色。

虽说努尔哈赤打仗是一把好手,但在处理相关事务上,尤其是家务事上,则是一塌糊涂。努尔哈赤有一个弟弟叫舒尔哈齐,也是一个能打仗的主。在努尔哈赤统一女真的过程当中,舒尔哈齐和他的儿子阿敏刀头饮血,屡立大功。

在患难中,本该兄弟齐心,但偏偏在这个时候,舒尔哈齐嫉妒努尔哈赤的名声,觉得自己也不比大哥差到哪去,凭什么整个辽东部落的人都服他而不知道有个自己呢?所谓不想当老大的二当家就不是好兄弟,舒尔哈齐率先发难,对敬仰他们的朝鲜特使说:"以后你们再送我们礼物,我和我大哥的必须一样贵重。"这让努尔哈赤听了,非常不爽。

1599年,努尔哈赤兵发哈达,当双方打得正激烈时,作为总预备队的舒尔哈齐不但没来增援,相反却有逃跑的意向,使得努尔哈赤差点在哈达城下走了麦城。为此,努尔哈赤十分生气,当众大骂了兄弟一顿。舒尔哈齐也很生气,觉得自己好歹是二当家,这样不给面子,自己以后怎么在大家面前立威?于是就想着要离开大哥,独自发展。

1607年,在剿灭布占泰大军的时候,兄弟两人又产生了分歧。这一次,努尔哈赤没再给弟弟面子,舒尔哈齐也不想再要大哥给面子,兄弟两人争执了一番后,舒尔哈齐带着自己的儿子和手下要离开努尔哈赤。努尔哈赤正是积聚力量的时候,怎么能让兄弟得逞?立刻派出兵马,出其不意地把舒尔哈齐和他的儿子阿敏以及几位重要将领捉拿归案。然后他当众处死了弟弟的几个大将,责打阿敏,囚禁了舒尔哈齐,一直到死都没有放出来。

解决完刺头弟弟后,努尔哈赤以为再没有家务事可烦了。不想,没有弟弟捣乱,亲生儿子却要出来唱对头戏。其长子褚英,十岁时就跟着努尔哈赤上战场,没多久,就成了能独当一面的人物。年轻人天不怕地不怕,更何况还是在玩命的环境中长大的。在努尔哈赤清除了弟弟之后,褚英就成了名副其实的老二,未来的继承

人,他当然要得意了。于是他看这个不顺眼,看那个感到烦心,恨不得让这些人统统滚蛋,自己一个人统领整个女真。

褚英的这种人际关系,让他一下子就成了孤家寡人,他所有的兄弟都站在他的对立面,再加上对他看不惯的大臣,也都觉得这个魔王以后要是接了班,大家都没好日子过了。于是集体在努尔哈赤面前说:"你不能把位置交给褚英,不然,这份家业在你死后就玩完了。"

努尔哈赤心疼大儿子,把这些大臣和其他儿子的告状信都给褚英看,问他有什么想法。努尔哈赤的意思无非是有则改之无则加勉,不要和大家闹得这么僵罢了,最好认个错,让大家都有面子。

不想,狂妄的褚英理解不了父亲的好心,直接回答父亲:"我没什么好说的。"

这就等于连父亲的面子都不给。努尔哈赤差点被气疯,立刻废掉了褚英继承人的地位,把他囚禁起来,等他悔过。

褚英也是个一条路走到黑的人,都被关押了,还在继续搞事,这次是搞一些迷信活动,把自己的心愿写在纸上,然后烧掉,寄给魔鬼,希望这些魔鬼能快点把父亲带走,自己好掌权。

看管褚英的人见他如此乱搞,吓得半死,生怕他连累了自己,纷纷跑到努尔哈赤那里举报。努尔哈赤见亲生儿子诅咒自己早死,这还了得,马上加重处罚。怎么加重?处死!1615年,努尔哈赤杀死了褚英。

长子死了,努尔哈赤并没有消停。没多久,二儿子代善又给他出难题了。这次倒不是咒他早死,而是和他的爱妃阿巴亥私通。虽说女真有子纳父妃的习俗,但也得等到父亲死了之后,那时这样做,还会受到拥护和称赞,现在努尔哈赤还活得好好的,代善就给父亲难堪,使得努尔哈赤老泪纵横。没说的,代善也因此失宠,失去了储君之位，地位一落千丈，再也没能扬眉吐气。

家务事把努尔哈赤磨得没脾气了，也没心思再去立什么继承人，但他毕竟老了，精力有限，除了打仗，其他方面都很一般，如何管理女真事务呢？想来想去，决定让自己创立的八旗制度发挥作用，自己的儿子、侄子都是八旗的旗主，其中代善、阿敏、莽古尔泰、皇太极是四大贝勒，阿济格、多尔衮、多铎、济尔哈朗年纪还小，是四小贝勒，八贝勒共同主政，有什么事，大家一起商议，算是暂时平息了继承人之争。

第五节　大明反击战

尽管努尔哈赤家务事一团糟，但对于大明，他却一刻也没有放松，总想着一劳永逸把大明朝的势力从关外清除出去，自己好独霸整个东北。但是大明也不是省油的灯。萨尔浒之战失利后，大明痛定思痛，想着既然进攻战不能打，就打防守战吧。于是派遣熊廷弼为辽东经略，整顿东北防务。

熊廷弼是个人才，在东北整顿了一些日子，不仅让努尔哈赤吃了些苦头，还采取逐步推进的战略，收复了一些失地，在努尔哈赤的核心地区，建立了一些据点。只是熊廷弼脾气不好，又疾恶如仇，结果得罪了同僚和掌权的宦官魏忠贤，被他们以兵败为借口，直接剥官下狱，不久便被处死。

熊廷弼死后，天启皇帝的老师孙承宗当了辽东经略，这也是个人才，在他主政辽东的四年时间里，对熊廷弼留下的防务进行加强，同时，还选派得力干将担任辽东地区的守将，袁崇焕就是孙承宗发现和提携起来的。

袁崇焕是广东人，进士出身，早年在福建邵武当过几年县令。

因为政绩突出,得到提拔,一提就成了跨界人物,到兵部去了,而且还被派往辽东。一般人听到要去辽东,都是自叹命苦,然后找路子谋求调动,实在没辙,就撂挑子跑路。袁崇焕接到任命,也是跑路,但他却是跑到了辽东,进行了几个月的实地考察,然后回来对同僚们说只要钱粮兵足,他就能守住辽东。

辽东经略孙承宗,正需要这样的人,马上就对袁崇焕委以重任。袁崇焕有了权以后,大修防务,尤其对于关外重镇宁远,更是格外看重,认为守住了这个地方,可以进逼锦州,直捣努尔哈赤的大本营。孙承宗赞同他的想法,不仅大力支持,还给他派了祖大寿、满桂、赵率教等人当助手。

正当孙承宗和袁崇焕雄心勃勃要对付努尔哈赤时,孙承宗又被魏忠贤罢了官,换了个饭桶高第接任。高第上任第一件事就是下令让关外的所有兵马还有居民都撤回来,那地方不要了,都留给努尔哈赤好了,大明只要守住山海关就可以了。

这样的命令,让袁崇焕气得发疯,他直接回复道:"我是宁远地方官,只能死在这里。"高第想,你愿意死,就死吧,其余地方的兵马,继续撤退。这就等于把袁崇焕和宁远扔给了努尔哈赤。

努尔哈赤得到这个消息,大喜过望。本来这几年他就被孙承宗挤兑得缩手缩脚,现在高第搞了个放弃计划,那还等什么?直接接管。

当努尔哈赤带着八旗兵顺风顺水走到宁远城时,才发现这里竟然还有不怕自己的大明军队,守城的是不知从哪里来的袁崇焕。努尔哈赤下令,攻!

原以为小小的宁远城经不起自己打,但没想到,从来是攻无不克的八旗兵,却拿宁远没辙。接连几次冲锋,留下的就是女真士兵的尸体,尤其是明守军的红夷大炮,威力无比,一打就是一大片。

努尔哈赤怒急攻心,下令不打下宁远决不收兵。到最后,不但没能打下宁远,反而自己也被红夷大炮打中,身负重伤,不得不从宁远城撤退。

第六节 不甘心离去

在宁远城折戟而归,让努尔哈赤非常郁闷,这个二十五岁就开始上战场打仗的枭雄,第一次在宁远城吃了败仗,而且是败在以前不出名,现在出了大名的袁崇焕手上。

努尔哈赤吃败仗连带受伤,让蒙古人看到了机会。以前努尔哈赤生龙活虎,谁见谁怕,现在被大炮打中,应该服软了吧。于是蒙古人也来趁火打劫,向女真宣战。

本来就憋了一口气的努尔哈赤见手下败将来讨打,当然不能放过。宁远战败一个月后,他就亲自领兵,扫荡蒙古各部。虎老雄威在,收拾蒙古人对努尔哈赤来说,就不是个事。半个月后,蒙古各部就被打服,其中,科尔沁部最聪明,直接在半路上迎接努尔哈赤,表示要永远和女真结盟,世代友好下去。

解决了蒙古,似乎用尽了努尔哈赤最后的力气,他一下子就病倒了,不但在宁远受的伤恶化,而且背上还长了疮。不得已,他只好停止进攻,回到清河的温泉疗伤。

征战一生的努尔哈赤觉得自己老了,快不行了,但此时,女真汗位却还没有确定最后的继承人。原本看好的褚英,已经被处死。这是努尔哈赤最大的心灵创伤,虽然处死了褚英,但却没能弥合几个儿子在汗位问题上的分歧。褚英之后,本来是二儿子代善顶上,但他的优柔寡断和与努尔哈赤爱妃之间的不清不楚,使得汗位与他渐行渐远;八儿子皇太极治国能力强,表现出色,继承汗位呼声

高,但努尔哈赤却喜欢小儿子多尔衮,这种对小儿子的偏爱,使得他在继承人问题上举棋不定,没有给女真带来一个稳定的局面。

1626年农历八月,努尔哈赤带着病体,返回沈阳,不想在走到离沈阳还有四十里的鸡堡时就离开了人世,终年六十八岁。

努尔哈赤的一生,极富传奇性,他把女真从一个涣散的部落统一成为一个强大的国家,并和当时的世界强国明朝对抗,经过多年血战,严重动摇了大明的统治基础,从一个侧面加速了明朝的灭亡。

与腐朽的大明朝相比,努尔哈赤建立的后金,就如同一匹急速奔跑的骏马,他开创的军民一体的八旗制度,在日后剿灭明朝、统一中国的进程中,发挥了巨大的作用。

努尔哈赤虽然死了,但他开创的事业还没有停止。

第二章

四贝勒的时代
——富二代还是有作为的

努尔哈赤的突然去世使得金的政权交接没能顺利实现,到底谁能继承汗位,谁又能掌控局面？一场有关权位继承的暗战激流在涌现。

第一节　即位的阴谋

让谁继承自己的汗位,努尔哈赤在生前并没有明确,在处死自己的大儿子褚英时,他实行了八贝勒共同议政的制度,即有什么事皆由八个贝勒共同商议,四大贝勒主导,大事自己最后拍板,说来说去,还是自己独裁。

在专制时代,有好的榜样都不一定能实行,没有好的榜样,就更不能指望了。八大贝勒虽然都是努尔哈赤最亲近的子侄辈,但在汗位面前,一切都可以被出卖。因此,努尔哈赤一死,争夺汗位的斗争就开始了。

在八大贝勒当中,代善是皇太极的二儿子,年龄大,能打仗,但因为和努尔哈赤的爱妃关系暧昧,几经训斥后,威信大跌,没有可能继承汗位;阿敏是努尔哈赤的侄儿,也不在考虑之列;而莽古尔泰虽然是嫡子,但脾气不好,得罪了不少人,而且据《清史稿·莽古尔泰传》中记载的一句话"后因尔弑尔生母,邀功于父"也能看出,他在处理其母亲富察氏的事情上,为了讨好父亲,竟然做出了弑母的举动。这一禽兽行为,也让他在女真人心目中形象大跌,没有当大汗的可能了。另外四个小贝勒年纪小,资历浅,努尔哈赤活着时,大家还把他们当个主人,现在努尔哈赤死了,大家还是可以把他们当主人,但想当大汗,只能是做梦。于是唯一的候选人就是八儿子皇太极。

皇太极论打仗的本领,应该是努尔哈赤几个儿子中最差的一个,虽然跟着父亲在战场上厮杀,但却不如其他几个哥哥弟弟出彩,而他最为人看重的本领就是当家。努尔哈赤带着人在外打仗时,家里的事都是皇太极来管。而且他管得还不错,从没出什么乱

子。这让努尔哈赤很高兴,有什么疑难事,总要跟他商量,一来二去,皇太极的威信也提高了。

在努尔哈赤的几个儿子当中,皇太极可以说属于异类,他有十五位同父异母的兄弟姐妹,却没有一个同母的亲人,而且母亲那一系又是父亲家族的仇敌,这使得他在家族里格外小心,从不得罪人,养成了八面玲珑的性格,锻炼了沟通和协调能力。

对于汗位,皇太极不是没有想法,尤其在那个唯我独尊的时代,大汗掌握着生杀大权,自己不争取,别人得到了,那么自己即使夹着尾巴做人都不一定有好结果。因此在这方面,皇太极也表现得相当积极,想着要给努尔哈赤留下一个好印象。

努尔哈赤是枭雄,战场是他的舞台,所以他看人也喜欢看其在战场上的表现。皇太极摸准了他的想法,在打仗方面,也特别卖力。如在萨尔浒之战以及攻打沈阳的战斗中,努尔哈赤知道皇太极打仗方面差一点,就让他留在自己身边。但皇太极却偏要争口气,主动要求出战。有一次,努尔哈赤已经委派了代善当先锋,皇太极却抢在了代善前面出击,最后打了胜仗归来。这一切,都让他在女真将士面前树立了威信。

现在四大贝勒当中,只有他最有资格继承汗位了,他自然也不会错过这个机会。此时对皇太极即位威胁最大的就是努尔哈赤最喜欢的儿子多尔衮的生母阿巴亥。因为,努尔哈赤死的时候,只有她在身边。更要命的是,她竟然说努尔哈赤临死时有遗言,要几位贝勒赶紧到鸡堡来听她传达遗言。

这个女人能有什么遗言可传达?无非就是说大汗临死有命,让多尔衮即位,其余几个兄弟要多捧场,用心辅佐。能让她说出这样的话吗?肯定不能。皇太极马上先下手为强,联络心腹大臣和其他几个贝勒,说努尔哈赤生前有遗训,让阿巴亥殉葬。

阿巴亥一个女流之辈,哪里是皇太极的对手,在皇太极和大臣们的逼迫下,只好走上了不归路。阿巴亥一死,作为努尔哈赤最喜爱的儿子,多尔衮就失去了依靠,没人会为一个半大不小的孩子去卖命。自然,就会重新选边站队,使得皇太极有机会重新集结力量,瓦解对手。

　　清除了即位的最大障碍,皇太极固有的优势体现出来。在竞争对手当中,代善最先服软,和自己几个掌握军权的儿子们出来拥立皇太极即位。皇太极假意谦虚了一番,当仁不让地坐上了汗位。这一年,皇太极三十五岁。

第二节　打仗我不行,治国你们不行

　　皇太极当女真大汗,是几方妥协的结果,再加上当时后金初建,打仗是主要的事,这方面皇太极又不如其他几位贝勒,所以,大家对他也不怎么尊重。皇太极也知道这一点,在自己羽翼未丰之前,他还是谦虚地邀请其他贝勒共理国政。但皇太极并不是甘心情愿这样做。不然自己也是八大贝勒,也有议政的权力,何必费心坐这个位置呢? 于是他施展手腕,巧妙地除掉了权势最大的阿敏以及对自己最不服气的莽古尔泰,又罢黜了代善,终于独揽军政大权,也像努尔哈赤一样,自己一人说了算了。

　　女真虽然已经建立了政权,但从本质上看,还是只知道打打杀杀,搞建设一点都不会。皇太极掌权后,打仗的事虽说没有停,但如何建立一个政权的问题,却是他考虑最多的。为此,他设立了文官制度,注重翻译汉族的文章典籍。由于女真人口少,皇太极就格外重视民族团结工作,设立了内三院机构,选派汉、蒙、满三族的人担任主事官。尤其在如何对待汉人的问题上,皇太极纠正了努尔

哈赤生前把汉人当奴隶的错误政策，而是妥善安置汉人流民，使得汉人成为女真统治下的居民，缓和了女真统治下的民族矛盾。

对于汉人官员，皇太极也采取了优待政策，给予他们田地，有功就赏，让他们参与管理社会事务。其中，汉官范文程就是他最看重的，不仅提拔为处理机密国是的章京，还给予重权，有什么大事，都要人去征询范文程的意见。后来，范文程还做到了宰相一级的高官。

对于汉族的知识分子，皇太极更为看重。努尔哈赤在世时，不重视汉人知识分子，要么杀，要么作为奴隶。皇太极纠正了这一政策，举行了科举考试，让这些为女真奴隶的汉人解除奴隶身份，成为女真官员。这一举措，在当时引起了很大的震动，皇太极作为一个有道明君的名声传播开来，女真的形象也得到了改变。而且，这一行政改革也具有进步意义，皇太极看到了权力集中在权贵精英家庭手中的坏处，很容易造成内部争权夺利的冲突。现在，扩大了官员的来源，让更多没有血缘关系的人才掌握管理国家的权力，可以减轻发生冲突的危险。

1631年，皇太极又仿照明制，设立了吏、户、礼、兵、刑、工六部，这样，一个完整的国家政权就建立起来了。这一步骤，不仅削弱了女真内部贵族的权力，还加强了中央集权，突出了皇太极一人的威严。

建立起正式的国家后，皇太极想着要给女真起一个新的国号了。努尔哈赤定的国号是"金"，摆明是继承历史上的金，这气量显得太小了。因为历史上的金是单一的女真族国家，而现在，皇太极觉得自己应该做天下的大汗，怎么还能叫金呢？改名！

1635年，皇太极先把女真的名字改为满洲，1636年，又把国号改为清，表明了他想统一天下的雄心。

皇太极不仅有这个想法，而且还在付诸行动。在清除了其他贝勒对自己的钳制后，皇太极强化了君主专制制度，树立了君主的绝对权威。同时，对现有的八旗制度进行了改革，还设立了汉八旗制度，扩大了兵源。后来为了加强对蒙古的控制，又创立了蒙古八旗制度。为了处理民族事务，皇太极还成立了理藩院这一机构。

在军事装备上，皇太极认识到了打伤父亲的明军大炮的厉害。于是也开始制造红夷大炮，使得一向只有冷兵器的清军，也开始装备大炮这样的重武器了。

整顿了内外的皇太极，决定向大明炫耀一下自己的武力。

第三节　一生之敌

皇太极在内部搞改革搞得轰轰烈烈，使得大清国力呈现向上的趋势，而要检验自己整顿内部的成效，就要拿大明练练手了。于是皇太极亲率铁骑，开始了与大明之间的战争。

要和大明开战，就面临着一道必须要迈过去的坎——宁远，宁远的守将就是辽东经略袁崇焕。如今他已经不是小小的宁远一把手了，而是大明在辽东地区的一把手。更让皇太极和女真人生气的是，在为努尔哈赤办丧事时，袁崇焕竟然派人来吊唁，这不是让自己好看吗？

皇太极自然知道袁崇焕的目的，那就是吊唁是假，侦查实力是真。他大大方方接待了袁崇焕的使者，还让他们欣赏了大清八旗兵的军容。不仅如此，皇太极还想到，目前和大明对垒，胜负难判，就利用这个机会和大明讲和，积蓄自己的实力为好。于是他给袁崇焕写了一封信，要求和大明进行地位谈判，两国以后和平共处，共同发展。

大明此时已经换了皇帝,崇祯即位,在收拾了大太监魏忠贤之后,正想着励精图治,重振大明雄风,哪里会跟皇太极进行什么两国谈判?袁崇焕知道这一点,所以对皇太极寄来的信,连看都不看就送回去了。理由是清本来就是大明的属国,怎么能平起平坐呢?

皇太极也不生气,只要对方提出什么要求,他就先按照对方的要求来。大明不是说清没资格和明平起平坐吗?没问题,他改,自己降格当大明的属国好了。但当属下有当属下的条件,那就是大明每年要给黄金一万两,白银十万两,绸缎十万匹,布三十万匹,而他每年给大明东珠十颗,貂皮千张,人参一千斤。袁崇焕接到信后,差点气疯,大明现在财政紧张,哪有那么多闲钱买那些破烂?

皇太极也知道袁崇焕不会轻易接受自己提出的条件,于是,又做了让步,减少了要的金银和物资的数额。他本来是表明自己的诚意的,但袁崇焕却已经开始了布防工作,准备要打仗了。皇太极马上写信,指责袁崇焕和谈心不诚。既然如此,那就打吧。

皇太极以此为借口,公布了自己要和大明开战的理由,抢得了道义上的主动权。两方一交兵,皇太极在军事上的弱点就暴露出来,接连在宁远和锦州打了败仗。这才明白,父亲打不赢的人,当儿子的也打不赢。

袁崇焕拦住了皇太极通往中原的道路,这让皇太极十分郁闷。不过,皇太极不是那种打仗认死理的人,虽然袁崇焕把住了主要通道,但现在和蒙古的关系已经很不错了,没必要非从宁远到山海关,绕道蒙古不是一样吗?于是,在1629年农历十月,皇太极亲率大军,绕过了山海关,杀向了北京。一下子,整个大明都惊动了,各地勤王军队纷纷涌向北京。

袁崇焕正在山海关上等着皇太极,结果听到消息,皇太极已经带兵杀到北京。袁崇焕吓坏了,朝廷把辽东交给他,就是让他堵住皇太极,不要来中原地区给皇帝捣乱。现在,皇太极带着兵到了北京城下,日后追责,他这个辽东一把手,怎么也逃不掉责任。

于是,心急火燎的袁崇焕立刻点起九千骑兵,马不停蹄地赶往北京救驾,希望能挡住皇太极,减轻自己的罪过。

双方在北京城下交战,袁崇焕这个文人也亲自上阵杀敌,交战两次,终于打败了皇太极,暂时遏制住了皇太极进攻北京的势头。但是崇祯皇帝并不怎么相信袁崇焕,下令不许他的兵马进城,什么时候把皇太极赶走了,什么时候再进城休息。

皇太极见袁崇焕进不了城,马上就想到一个除掉袁崇焕的计策。他下令停止攻城,然后又派人到军中关押明军俘虏的地方,找了个姓杨的太监,故意在他面前说现在不攻城,是因为和袁崇焕有约定,只等进城,就当内应,里应外合,打开北京城。

演完这出戏后,清军放松警惕,让这个姓杨的太监跑了出去。这太监马上向崇祯报告,说袁崇焕是内奸。崇祯皇帝正恼怒袁崇焕没有把清军挡在山海关外,现在听说袁崇焕是内应,这还了得?马上传令让袁崇焕立刻进城"汇报工作"。袁崇焕一进到宫里,就被锦衣卫捉拿,关进了死囚牢。

皇太极见自己的计策成功,马上撤兵。这下崇祯更加相信袁崇焕是奸细,马上下令把袁崇焕凌迟处死。结果一代英豪就惨死在昏君之手。

袁崇焕一死,明军就再也无人能抵御皇太极的进攻了。

对付袁崇焕,是皇太极的得意之笔。作为大清的劲敌,袁崇焕可以说一人就挡住了大清进犯大明的脚步,甚至连一代天骄努尔哈赤都拿他没辙。现在皇太极套用了《三国演义》中最蹩脚的反间计,就让崇祯皇帝上套,替自己除掉了一生之敌。从另一个方面说明,皇太极在用计方面,要强过努尔哈赤了。

第四节　扫清外围

皇太极知道大明的国力比自己要强,直接和大明对抗,即使能打胜,也会蒙受很大的损失。多打几次,大明还能维持,自己肯定要输。于是他确定了打大明的战略,那就是伐树战略——松动大树扎根的基础,最后只要用劲一推,大树就倒了。在战略实施上,就是扫清外围,把大明的属国蒙古和朝鲜拉到自己这边来。同时,逐步蚕食辽东,争取占据辽东全地,这样,与大明对抗的资本就雄厚了。

朝鲜与大明的关系深厚,其间差点被日本亡国,是大明出兵,才使得朝鲜能维持到现在。因此,当清崛起时,朝鲜对大清的态度不是很热情,即使在阿敏率领大军攻占平壤,签下城下之盟后,朝鲜的态度还不是很恭敬,想着等到大明发起火来,把清灭了,那时就可以给清一点颜色看了。

正是抱着这样的想法,在1636年皇太极正式称帝时,朝鲜虽然派人去祝贺,但认为皇太极不是正统,所以就没有行跪拜礼。这下皇太极生气了,后果很严重。他觉得一时收拾不了大明还情有可原,但收拾不了朝鲜,那就混不下去了。于是亲自带兵征讨朝鲜。

朝鲜吵架很厉害,打起仗来就差多了,一交手,朝鲜军大败,朝鲜国王李保连首都都不敢待了,直接逃到南汉山城。皇太极还不放过他,又带兵包围了南汉山城。到1637年,李保受不了了,只好投降。就这样,朝鲜正式和大明脱离了藩属关系,成为大清的属国。

收拾了朝鲜,皇太极又面临着北部达斡尔人的叛乱。由于达斡尔人实力弱,皇太极一战就平定了叛乱,轻而易举就使得贝加尔湖以东、外兴安岭以南,包括乌苏里江流域广大地区都被纳入了大清版图,巩固了大清的后方。

蒙古一直都是努尔哈赤的心病,因为这个草原部落众多,有向着大清的,更多的是向着大明的。尤其是实力最大的漠南蒙古,和大明有明确的契约,那就是由大明出钱,共同对付大清。

皇太极想,自己要和大明开战,就一定要拔掉漠南蒙古这个钉子,不然,就不能一心一意和大明打仗。1635年,皇太极命多尔衮领兵,征讨漠南蒙古的察哈尔部。多尔衮自然不是省油的灯,几仗打下来,察哈尔部的林丹汗就不得不率众归降,并献上了传世百年的传国玉玺。

皇太极没想到征讨察哈尔得到了意想不到的战果,非常高兴,觉得自己的战功一定是受到了上天的肯定,对战胜大明更有信心了。

第五节 松锦之战

锦州是大明在辽西的军事重镇,也是对抗大清的军事堡垒。从努尔哈赤时代起,清军几次攻打锦州,都无功而返。而锦州正南面的松山城,又是护卫锦州的屏障。再加上周围的塔山、杏山以及后方的宁远,构成了一道完整的屏障。只要锦州不丢,大清就难以通过山海关,对大明进行侵扰。

皇太极一直都想拔掉锦州这个钉子,以前是实力不够,现在实力有了,守卫宁远的袁崇焕也被皇帝处死,这个时候不夺锦州,那就对不起自己了。于是在1640年,皇太极突然出兵攻占了锦州和广宁之间的义州,把这里作为屯兵的基地,开荒种粮,解决军粮供

应,然后包围了锦州。

守卫锦州的是皇太极最敬重的明军将领祖大寿,他也是擅长守城的名将。按祖大寿的想法,清军擅于野战,攻城不行。这次打锦州,应该是速战速决,以攻城为主。那样,自己只要粮草充足,守上一段时间,清军就会自动撤退了。现在见清军有长期围困的打算,不由得有些沉不住气。

主帅沉不住气,手下的将领就更沉不住气了。最先打算投降的是城内的蒙古兵,他们派人和城外的清军将领多铎取得联系,约定了投降的时间。祖大寿得知情况后,马上带人准备去收拾这帮内奸。没想到情报泄露,蒙古人先下手为强,先领兵来攻打祖大寿,同时派人把清兵引进城内。

祖大寿见势不妙,只得带着兵放弃外城,退守内城,继续抵抗。锦州被围,明朝也知道这事紧急,就派蓟辽总督洪承畴率兵来解锦州之围。同时又从中原各个战场抽调了王朴、曹变蛟、唐通、吴三桂等人,各率本部兵马聚集起来,有十三万,都听从洪承畴调遣,一定要解锦州之围。

洪承畴是用兵老手,知道这个时候不能和清军硬拼,而是应和清军死耗,然后寻找机会破敌。但兵部尚书陈新甲却不同意,认为洪承畴是领兵的将领,死守下去,可以吃军饷发财,但自己是负责供应的,要不断找钱往前面送,洪承畴老不打仗,压力就在兵部身上了。于是他就挑唆崇祯皇帝,不断催促洪承畴与皇太极决战。

接到皇帝的圣旨,洪承畴没法,只好勉强带兵出战,结果被皇太极一个冲锋,就围在了松山上。皇太极知道,松锦之战,关键就是打掉来救援的明军,只要收拾了洪承畴,锦州就不战而得了。于是又调集人马,把洪承畴围了个水泄不通。

洪承畴带的兵,是从各地调来的,都想着保存实力。毕竟,在当前这个世道,有兵才有和皇帝讨价还价的本钱,没有了兵,只能卷铺盖回家。现在,被皇太极围在了松山,粮草也不足,这样下去,就是个死。部将便纷纷向洪承畴建议,此地不能久留,应该马上退回到宁远去,那里粮草充足,可以在那里跟皇太极耗下去。至于锦州,丢了就丢了,大不了再夺回来。

洪承畴也知道再这样下去是不行的,但作为一个指挥打仗的人,他知道这个时候突围,就是找死,坚持要在这里守下去。这么多人,清军想全部歼灭,不是做梦也是做梦。只要找到了机会,反咬一口,也不是没有扭转战局的可能。

虽然洪承畴的计划很正确,但手下的总兵官都是各地调来的,跟他处的时间不长,根本没打算听他的。现在,见洪承畴不想突围,那对不起了,各人顾各人吧。于是,大家商议,不管长官了,所有军队一起突围。

十几万大军真要一起突围,也够清军应付的。但坏就坏在如何突围上,大家的行动又不统一,每个人都怕别人先跑了,留下自己当替死鬼。没等号令下来,都独自行动了,整个大明军队一下子乱套,所有士兵都不顾前面有清军正等着,大家一窝蜂地往前跑。皇太极自然不会放过这个机会,马上命令清军出击。结果,明军一触即溃,尸横遍野。洪承畴弹压不住,只好退守松山。最后的结果就是除了吴三桂等少数几个人冲出包围圈外,大部分人战死。

被围在松山城里的洪承畴还比较硬气,死不投降,指挥士兵顽抗到底。皇太极也不着急,依旧下命令,围困松山城。半年过去后,松山城里的守军实在受不了了,决定投降。洪承畴的副将夏承德等人与清军联系,决定献出洪承畴等军政大员,换取活命机会。就这样,松山城被攻破,洪承畴被俘,不久后归降。

守卫锦州的祖大寿见大势已去,只好开门投降,锦州城终于被

皇太极攻占,大明在辽东除了山海关,就无险可守了。

攻占了锦州,皇太极虽然高兴,但更让他高兴的是收降了洪承畴。他对众将说:"我们现在攻打大明,就像瞎子一样,但有了洪承畴,就好比有了引路人,怎么能不让人感到高兴呢?"而洪承畴后来为大清统一中国,出了大力,应验了皇太极的预言。

松锦大战后,皇太极本想一鼓作气,命令清军进攻山海关,挺进中原。但这时,中原的李自成等农民起义军势力太大,明朝统治岌岌可危。皇太极想先让明朝和李自成等人打一场,等到双方筋疲力尽时,自己再出去捡便宜。

第六节 神秘死亡

松锦大战后,皇太极的声望达到了顶点,尤其是得到了洪承畴,更让他觉得日后跟大明开战,有了必胜的把握。正当他踌躇满志时,死神却走近了他。

1643年农历八月初九,皇太极还像往常一样,处理了许多公务,大臣们也没见他有什么异样。然而皇太极晚上回宫里睡觉,一躺下,就再也没有起来。

皇太极突然去世,让很多人都感到意外,都想不通好好的人怎么就突然死了。于是各种阴谋论出现了。最离谱的当然就是情杀,有人说多尔衮和皇后博尔济吉特私通,被皇太极发现,结果被多尔衮杀死。

其实,有关皇太极突然死亡的猜测都不太准确。皇太极身体不好,在几年前,就已经显示出来了。

皇太极从小身体很棒。女真是马背上的民族,再加上此时正是创业时期,皇太极要立功,就必须上马厮杀,过刀口舔血的日子,身体不好,那就只能送死了。但随着年龄增大,地位提高,皇太极也免不了要养尊处优。再加上女真在东北苦寒之地,所吃的食物以肉食为主,高蛋白饮食,对身体不免就会造成负面影响。

随着运动量的减少和饮食的不科学,皇太极在中年以后,身体变得肥胖,体重超重,自然就会引起高血压之类的病况。而这些,在皇太极生命的最后几年,已经开始显现了。这一点,连他自己也感觉到了。

1641年,皇太极五十岁的时候,他和诸王以及子女在祭祀爱妃宸妃时,突然很有感触地说:"山太高了,就容易崩塌,树木太高了,就容易折断,人年龄大了,就容易衰老。"这句话其实就是说他自己年龄大了,不能抗拒衰老了。

此时,皇太极已经认识到自己患病,而且已经认为这将导致他死亡。也就是从这一年开始,他的身体频频出现状况,一直到他去世。虽然史料没有明确说明他得了什么病,但从描述来看,他的病的确很严重。

就在松锦大战最紧急的时刻,十几万明朝援军扑面而来,清军在人数上处于劣势,几乎难以抵挡明军的攻势。皇太极知道这一战决定大清的命运,于是决定亲自上前线指挥战斗。刚要出发,身体就犯病了,只得休息三天。这三天,清军没有了统帅调度,打得很费力。要是明军再猛一点,清军就真的要溃退了。好在皇太极知道前方情况紧急,不等身体完全康复,就急着上了前线。沿途,他鼻血流个不停,又不能停下来处理。只好拿个大碗接着,整整流了三大碗鼻血才止住。虽然这一次病得比较重,但随后的松锦大捷,让所有人的注意力都转移到庆贺上面,反而忽视了皇太极的身体。

1642年农历十月二十日,皇太极又生病了。他让人传旨给宫

外等着朝见的大臣说:"今天我不舒服,要用赦免犯人的方式向上天祈祷,把那些要杀头和必须带重刑具的犯人都集中起来,然后宽大处理,全都放了。"

病到这种程度,大臣们都开始着急了。于是几个大臣联名上书,建议皇太极要注意身体,应该少办点政事。皇太极接受了大家的意见,就让几位亲王以后代替自己处理国政要务。

做出这个决定后,皇太极基本上就不怎么管国家的行政事务了。从这件事可以判断,皇太极这次病得不轻,也不是短时期内能恢复的,不然不会轻易放权。

皇太极到底是死于什么疾病?按照朝鲜文献记载,是"暴逝"。按照这种记载,可以理解为"无疾而终",也可以理解为"遇害而死"。但在朝鲜的文献当中,对于皇太极得病,又记载得非常详细,连什么症状都写清楚了。根据记载,大致可以推断皇太极死于高血压或者中风引起的猝死。

1643年农历八月初九,皇太极去世。第二天,诸位王爷和大臣把他的棺材放在崇政殿,然后举哀三天。皇太极一生的文治武功在清朝的几个皇帝当中,是非常突出的。可以说,如果没有皇太极的改革和励精图治,清想要入主中原,建立王朝将要难上很多。

第三章

生无可恋——想出家的皇帝

皇太极突然去世,和自己的父亲一样,没有来得及留下谁继承自己皇位的遗嘱。这下,又引爆了争夺权力的炸点,窥探皇位之人都蠢蠢欲动,想着上位了。但出乎意料的是,皇位最后落到了皇太极六岁的儿子福临头上,这就是顺治皇帝。

第一节 捡来的皇位

皇太极突然离世,没有留下由什么人继位的遗嘱,这自然就引起了混乱。在他生前,对自己的继承人是谁,不是没有想法的。他最宠爱的妃子是宸妃,也曾在诏书里指明宸妃生的儿子为皇嗣。但不幸的是宸妃和她的儿子死得较早,而皇太极也没料到自己会早死,所以,选拔继承人的工作就耽误了。

皇帝死了,不是什么大事,但国家一日无君,就是大事了。从当时的情况看,有能力继承皇太极之位的人还不少。第一个是努尔哈赤的二儿子代善,虽然他资格老,但此时已经是暮年,暮气沉沉,想得最多的不是冒险去争一下,而是如何保住眼前的地位。皇位是不会从天上掉下来的,所以代善的想法,让他成为最不可能当上皇帝的人。

第二位有资格当皇帝的人是多尔衮,当时就有传说努尔哈赤希望他能继承自己的位置,后来皇太极即位后,多尔衮表现很好,为皇太极打江山立下了汗马功劳,被封为睿亲王,处理军国大事。他和同母兄弟阿济格、多铎掌握两白旗军马,又和其他几旗掌权之人来往甚密,得到许多人的推崇,很有资格即位。

第三位有资格当皇帝的人是皇太极的长子豪格。他此时不但是亲王,而且掌管户部,有行政权力,还是正蓝旗旗主,而皇太极统率的两黄旗也支持他。所以,他实力最强,也最有可能当皇帝。

想当皇帝的人多,但位置只有一个,谁坐? 这就需要智慧了。先是两黄旗的大臣在一起聚会,说要公推豪格当皇帝。对于两黄旗的大臣来说,两黄旗属于天子部属,地位自然要高于其他六旗。当皇帝的直属军队,好处当然是很大的,苦事、累事不会去干,而最

后抢夺战利品的事,是谁都不敢跟皇帝争的。要是换别的人当皇帝,两黄旗地位肯定要下降,这对于享福惯了的将领们来说,是不可接受的。所以,他们只接受皇太极的儿子当皇帝。而拥护多尔衮当皇帝的人也不甘示弱,在多尔衮家里开会,商讨如何才能坐上皇帝的位置。

多尔衮自然也想当皇帝,于是,他先找到两黄旗第一大臣索尼,想拉拢他支持自己。没想到索尼很干脆地说只支持皇太极的儿子,别人想都不要想。多尔衮见拉拢不成,只有把选皇帝的事拿到亲王大会上去讨论了。

没想到,到了开会那天,当多尔衮志得意满地来到议事大厅,还没进大殿的门,就发现两黄旗的劲旅已经在道旁站满了,而且都是刀出鞘、弓上弦,一副要开打的架势。多尔衮这才觉得大事不妙,自己有些托大。早知如此,也带兵来,那底气就足了。

会议开始后,两黄旗的大臣索尼和鳌拜带头,坚决要求立皇太极的儿子即位,而且还点名豪格。多铎则推举多尔衮,双方互不相让。两黄旗大臣拍着刀剑说:"今天要是不立先帝的儿子,我们宁愿跟随先帝到地下去。"这意思可不是说不立皇太极的儿子,我们大臣今天就自杀;而是要火拼。

面对一群不怕死的人,代善第一个服软,说:"我年纪大了,不参与这事,你们爱立谁就立谁,到时通知我来磕头好了。"说完,他就溜了。豪格也沉不住气,站起来说:"我福德浅薄,没福气当皇帝,你们自己决定吧。"说完,他也走了。豪格的表现,说明他的确不是当帝王的料。在这个关键的时刻,不亲自压阵,而是先脱身险地,让别人给自己卖命,怎么可能呢?

两位有当皇帝资格的人退出了,剩下多尔衮在这里唱独角戏,而两黄旗大臣与之针锋相对,各不服气。

关键时刻,显出多尔衮的气度和精明了。他想着要是自己再不退让,那说不定就真要打起来了。到那时,豪格就可能真的当皇帝了。于是他马上说:"既然豪格说不当,那我们就拥立先帝的小儿子福临即位吧,但他年纪太小,处理不了国政,就由我和济尔哈朗辅佐吧。"

这一折中的建议,得到了所有人的赞同。两黄旗大臣只想保持自己的地位,只要是皇太极的儿子即位,两黄旗还是天子所属,至于是不是豪格,随便!于是六岁的福临即位,年号顺治,而多尔衮当上了摄政王。

福临即位,是清立国之初的一件大事,而多尔衮的处置,更显得珍贵。如果他只想着自己的利益,那么在谁即位的问题上就会陷入死局,最后很可能不得不导致刀兵相见。如果真是这样,多尔衮不一定能当上皇帝,但大清八旗力量肯定会分裂,后来也不会有机会入主中原了。

第二节 当不了皇帝,就控制皇帝

谁当皇帝的问题解决了。但问题虽然解决了,却不是让所有人都服气的。在许多人看来,让一个六岁的孩童当皇帝,大家都向他磕头、请安,简直就是开玩笑。尤其是多尔衮,先前被皇太极逼死自己的母亲,抢了自己的帝位,现在自己又不得不扶持他儿子当皇帝,这不是欺负人欺负到家吗?

多尔衮的不服,被济尔哈朗看出来了,他对多尔衮说:"皇帝已经确立,还有什么可说的?现在最重要的是防止有人要篡位啊。"意思很简单,现在你我是摄政王,有人不服,第一个要干掉的是我们。这句话提醒了多尔衮,于是他开始打起精神,全力对付那些心

怀不满的人。

多尔衮想当皇帝的心思，大家都知道，于是代善的儿子硕托最先跳出来，认为福临太小，不能担当大事，应该推荐多尔衮当皇帝。代善说："事情都定了，你还闹什么闹？当心惹祸上门。"

硕托只想着拥立了多尔衮当皇帝，那就是奇功一件，也就不把老爸的话放在心上。但代善是个老狐狸，他想现在大局已定，皇太极的儿子即位名正言顺，儿子再这么闹，即使有多尔衮支持，也有极大的风险。干脆自己大义灭亲吧。

于是代善提议召开亲王大会，当众揭露自己的儿子有不臣之心。多尔衮没办法，只好当众宣布硕托等人有罪，处死了他。

但事情还不算完，豪格是眼看着到手的帝位飞走了，也不服气，尤其是见到两黄旗的大臣原先是支持自己的，现在竟然和多尔衮站在了一起，支持福临，气得大骂两黄旗大臣索尼等人。豪格的几个心腹见他有想当皇帝的心，也来了劲，纷纷表示愿意为他出力。

多尔衮本来就对豪格不满，现在总算抓到了由头，立刻下手，先抓豪格，然后处死了他的心腹。本来多尔衮是打算连豪格一起处死的，但皇帝福临为哥哥求情，多尔衮就放了他一马，但是削夺了他的权力，减少了他统领的兵马。这样一来，多尔衮就除掉了自己最大的劲敌。

多尔衮没当上皇帝，而且从处理当皇帝的善后事件也看出来，自己没可能再当皇帝了，那就退而求其次，当掌握实权的摄政王吧。

皇位问题平息后，多尔衮决定搞出点动静来，向天下宣布大清有了新皇帝，自己是摄政王，和以前不一样了。于是他命自己的哥哥阿济格带兵，向大明在关外的驻所发动进攻。本来松锦之战后，大明在关外的堡垒只剩下宁远一座孤城了。而宁远的守将是猛将吴三桂。多尔衮决定先不去碰他,把外围打扫干净,最后再来收拾吴三桂。

在这样的策略指引下,阿济格圆满完成了任务,只打了几天,就把大明在关外的据点扫荡干净。明军望风而逃,八旗兵战无不胜的威名也传扬开来。当然,这其中获利最大的就是摄政王多尔衮。按照拥立福临为帝时建立的政治秩序,多尔衮与济尔哈朗同为摄政王。但这一仗打下来,多尔衮的地位就提高了,再加上他皇族的地位,使得他很容易就高过了济尔哈朗一头,成为最具实权的人物。

为了加强自己的地位,多尔衮利用这次大捷,召集王公大臣开会,在会上宣布说:"现在是非常时期,不能一件事商议个没完,既然我和济尔哈朗是辅政王,那以后事情就由我们俩先决定,然后再通告给你们吧。"同时还规定收回王公的行政权力,国家六部的权力由大臣行使。这样一来,多尔衮的地位就突出了,权力也更大了。

这还不算,为了让诸位亲王都老实一点,多尔衮又对国家各部官员说:"以后那些王爷们要是偷懒,你们都要报告,并且还要处罚他们。"这样一来,宗室干预国家事务的权力被严格限制住,中央集权得到了进一步加强。

济尔哈朗是个聪明人,见多尔衮如此咄咄逼人,连皇族的权力都限制了,自己要是不识趣,再跟他平起平坐,日后没好果子吃。于是济尔哈朗在1644年正月,以摄政王的身份,召集国家各部开会,正式宣告,以后国家大事,都由多尔衮一人做主。

从此,大清建立了多尔衮一人专制的国家体制,有些纷乱的大清政权终于稳定下来。

第三节　天赐良机

1644年是中国历史上特别的一年，多尔衮在辽东辅佐顺治登基，然后自己理政，忙得不亦乐乎，而关内也不平静，这一年的正月初一，李自成在西安正式建立大顺国，年号永昌。一切事情忙完后，李自成就率领大军，向北京进发。

一路上，李自成的大顺军势如破竹，所到之处，明军纷纷开关投降，到了农历三月份，就逼近了北京。崇祯皇帝一阵慌乱，不知道怎么办才好，每天开会让大臣拿主意。大臣却都打死也不说，崇祯皇帝气急败坏，不想殉国也只能殉国。

崇祯皇帝在煤山上吊后，李自成成了北京城的主人。这个山沟里出来的人，就没想在北京多待，而是想赶紧捞足了钱回陕西。于是，他放任手下，拷掠明朝官吏，最后发展到只要是人，就要交出银子，把个北京城弄得乌烟瘴气，不成体统。

农民军在北京城追钱，一下子就追到山海关总兵吴三桂的家里。此时，吴三桂的父亲吴襄在家，李自成原本想招降吴三桂，对吴家很优待。但手下的士兵、大将追钱追红了眼，不由分说把吴襄捆绑，逼他拿出二十万两银子，还顺带着把吴三桂的爱妾陈圆圆带走了。

这下闯了大祸。原本已经打算投降的吴三桂立刻改变主意，与大顺为敌，接连打败了李自成派来的军将。李自成这才意识到吴三桂是自己的大敌，于是亲率大军，到山海关与吴三桂决战。

吴三桂早有打算，立刻以大明总兵的名义，派人到清廷，向多尔衮求救，说明只要打败李自成，大明将以国土、金银酬谢。

多尔衮收到吴三桂的求救信后，一时觉得有些难办。在他看来,大清和大明缠斗几十年,都没能把明朝怎么样,而农民军几个月就攻占了北京,其战斗力不可小视。要不要帮吴三桂,与李自成为敌呢?他拿不定主意。

章京范文程说,中原农民军虽然势力大,但不会成功。现在他们逼死了崇祯,又拷掠士绅,抢夺民财,已经是天怒人怨了。只要我们能安抚好百姓,那攻占中原,统一中国就指日可待。

听了范文程的话,多尔衮觉得目前的局面是天赐良机,一旦失去,就不会再有了。于是他亲率大军,赶到了山海关。此时,李自成也率军到达山海关,准备和吴三桂决战。

多尔衮是一个精明人,他先让吴三桂出兵,与李自成大军厮杀。等到双方筋疲力尽时,他突然率领八旗精兵杀出。李自成猝不及防,所部大败,争先逃命。山海关一战,奠定了大清统一中国的基础,也让多尔衮的功业提升到了一个新的阶段。

李自成从山海关败退之后,逃回了北京,匆匆即皇帝位后,率军撤退。多尔衮又展现了他的才能,他让吴三桂去追赶李自成,而自己带领兵马进入了北京。北京人还想着是吴三桂回来了,大明又可以复活了。等多尔衮到了跟前,才知道是大清的兵马。

进入北京城后,由于大乱未定,再加上当时汉人有着根深蒂固的华夷之辨,所以形势很不太平。许多亲王都劝多尔衮应该大开杀戮立威,然后把中原能抢到的东西都抢走,回辽东关起门来过日子。

这种"脑残"的建议,多尔衮当然不会接受了。相反,他认识到要巩固统治,必须对汉人实行怀柔政策。于是他颁布命令,严禁士兵无端杀戮和抢劫,迅速安定了民心。同时还接受洪承畴等大臣的建议,重建官僚体系,让国家重新走上正轨。

打进了北京城,多尔衮实现了父兄的遗愿,于是开始安排顺治

皇帝迁都北京。1644年农历九月十九日,顺治皇帝进入北京,住进了紫禁城。

顺治当时只有七岁,却表现出与年龄不相称的成熟,遇事不急不躁,对人谦和有礼,天生的帝王风骨,王公大臣对他都很服气。顺治对多尔衮也很客气,在北京正式即位后,特地封多尔衮为摄政王,还命礼部专门为多尔衮树碑立传,让后代铭记他的功劳。

北京城来了皇帝,君臣名分确立,按照规矩,作为臣子的多尔衮以后有什么事都要向皇帝汇报。这对于一向喜欢说了算的多尔衮来说,是一件很痛苦的事,但此时他还无心顾及这些,因为有更重要的事等着他去处理。

大清在北京城正式宣告成立,并不等于天下太平。李自成的大顺军,张献忠的大西政权以及明朝在长江以南残留的南明政权,都威胁着清朝的政权基础。面对复杂的局势,多尔衮展现了极其优秀的才能,逐一平息。

李自成和张献忠被剿平,没费什么周章,在平复南明的过程中,却遇到了麻烦。本来清军在军事上占据优势,连南明的皇帝都抓住了,主战的大臣史可法、张煌言也都被处死,民众也认可了清的统治。但多尔衮此时却搞出个剃发令,强令全国汉人都如女真人一样剃发易服。结果,这一野蛮的命令在南方激起了反抗,具有代表性的就是江阴和嘉定。

江阴人在接到剃发令后,认为是奇耻大辱,立刻聚集义兵,宣布和大清对抗到底。他们请来了曾担任过江阴典史的阎应元担任总司令,十万江阴人据守江阴两个月,与清军激战一个月,最后全部战死,无一投降。而嘉定在整个抗清斗争中,经历过三次屠城,为反抗剃发而死的人达两万。表达出在战乱时期,一个民族的不屈精神和敢于殉难的勇气。

就这样，多尔衮费尽气力，才消灭了林林总总的反清政权，实现全国统一。

第四节 委屈至极的皇帝

顺治能当上皇帝，多尔衮的拥戴可以说至关重要。所以，顺治对多尔衮这个叔父也非常感激，基本上只要叔父有什么需要用皇帝名义来满足的，顺治都不会拒绝。这样，多尔衮高兴，他这个皇帝当得也安心。

但是，皇帝这个职位只有自己说了算，才当得过瘾，让人羡慕，如果皇帝头上还压着一个人，那这个皇帝当得窝囊不说，还生不如死。很不幸，顺治就是很窝囊的皇帝。

在平定了各地的反抗之后，多尔衮为了自己的权位，开始排除政敌了。

首先对付的就是开始和他一起辅政的济尔哈朗。本来，济尔哈朗够识趣的，顺治即位三个月后，就主动表示退让一步，从与多尔衮齐名到位居他之下，想以此保平安。不想，多尔衮却不依不饶，几次耍手段，排挤济尔哈朗，不但把他降职，最后甚至把他幽囚在北京，好吃好喝地养着，就是不给实权。

对付完了济尔哈朗，多尔衮又对豪格下手。豪格是当初他争帝位的最大对手，也是对他摄政最不服气的人。既然你不服气，就让你断气。

整治豪格，多尔衮毫不手软，再加上他本身又比豪格聪明，自然得心应手。他先以皇帝的名义，派豪格去打仗。豪格是打仗的行家，立功无数，连张献忠都死在他手里。但得胜还朝时，多尔衮却不嘉奖，反而让手下上书弹劾豪格，对他进行了降职处理。豪格

不服气,为自己申辩,又让多尔衮抓住了把柄,马上召集王公大臣开会,新账旧账一起算,议定豪格的罪名,直接判了死刑。

顺治见哥哥被判了死刑,当然不答应,多尔衮也不是善碴,皇帝的面子要给,但自己的权威也不能碰,就是皇帝也不行。于是判处豪格终身圈禁,没多久,就在牢里把豪格弄死了。这还不算,他还把豪格的妃子弄成了自己的妃子,演出了一场败坏人伦的丑剧。

在救哥哥这件事上,顺治输了一招,自然对多尔衮有些看法,但权柄在他手上,自己也无可奈何。多尔衮也不知收敛,对皇帝的欺负,也变本加厉。有一次,多尔衮身体不舒服,躺在床上自言自语地说:"我病成这个样子,皇帝也不说来看看我,真是没意思啊。"

多尔衮的手下一听,拿着鸡毛当令箭,立刻骑马闯到皇宫,见到顺治,不管三七二十一,拉着他的手就说:"摄政王病了,你要去看看他。"本来让侄子去看看生病的叔父也不是不可以,但这样的邀请也太不把皇帝当回事了。顺治虽然不高兴,但也只能忍了。

顺治虽然是皇帝,但只是深宫里的皇帝,出了宫,都是多尔衮的人,他能怎么办?为此,顺治也十分苦闷,整天想着该怎么办?这时他的一位洋人师父、天主教神父汤若望知晓了他的心思,觉得此时顺治和多尔衮对抗,那就是拿鸡蛋撞石头,没好下场。于是,就劝顺治说:"虽然摄政王专权跋扈,对皇上不敬,但据我观察,他的身体十分虚弱,活不了多久了,所以请皇上暂且忍耐。"

这句话提醒了顺治,觉得自己的力量与多尔衮相比,太过悬殊,得罪了他,肯定没好果子吃。既然他身体不好,活不长了,那自己就不要轻举妄动,等他死了,一切问题都可以解决了。

顺治决定忍,就一忍到底,对多尔衮不断进行封赏。而多尔衮也不满足,最后有了要当太上皇的意思。只是他的寿命已到,才没有享受到这个最后的荣誉。

1650年农历十二月，多尔衮带着王公大臣们，出关打猎。在围剿一只猛虎的时候，多尔衮突然坐立不稳，从马上摔了下来。大臣们急忙上前救护，但多尔衮连话都没来得及说，就死去了。

多尔衮突然死去，让所有人都不知所措。当他的灵柩运回北京时，顺治带领大臣亲自迎接，并且在随后下诏，对多尔衮的功业进行追述和表彰。如果据此认为顺治感念多尔衮的好处，那就错了。他只是认为此时清算多尔衮的时机还没到，既然人已经死了，对自己也就没有威胁了，再拖一些日子，也没什么妨碍。等一切都准备好了，就是皇帝出手报复的日子。

第五节　顺治亲政

1651年正月，顺治颁布诏书，宣布从现在起亲政。言下之意就是说要当一个自己说了算的皇帝。

在这封告示天下的诏书里，对多尔衮的描述与办丧事时的尊崇相比有了很大的变化，原来已经追封多尔衮为皇帝了，但现在又不提这个封号了，只说他是皇父摄政王。地位虽然高，但还是一名臣子。

大清的朝臣们从这个细微的变化里感觉到了不妙，尤其是多尔衮生前的重臣们，知道清算的时刻到了，自己能不能活命，就要看造化了。

顺治聪明，知道要打倒一派，就必须拉拢一派，而且还必须是被要打倒的一派长期压制的一派，这派人就会成为自己最得力的帮手，帮自己做事不遗余力。于是顺治就把曾经被多尔衮压制的几个人提拔起来，这就是一种暗示，皇帝要为你们做主了，你们受了什么委屈，就说出来吧。

清算开始了。朝中大臣争先恐后地上书揭发多尔衮的不法行为，罪名也越来越大，直接上升到了谋反的高度。于是顺治下令，剥夺多尔衮的一切封号，毁掉坟墓，开棺戮尸，也就是鞭打尸体，然后再把头砍下来示众。

清算完了多尔衮以后，顺治开始了真正自己说了算的日子。此时他的年龄也不大，只有十三岁，但多年的隐忍，已经让他变得成熟起来。在多尔衮时期实行的剃发、圈地造成反清运动此起彼伏，而为了镇压全国各地的抗清运动，军费开支变得庞大，财政入不敷出。总之，一个烂摊子等着他去收拾。

为了改善财政困难问题，顺治首先提出了开源节流。他以身作则，亲自裁减宫中的用度，接连停止了各地向宫中进贡特产的惯例，还把一些无关紧要的工程都停工了。这样节省的用费虽然不是很多，但皇帝做出了榜样，天下人就高兴，他的统治基础也扎实了。

紧接着，顺治又下令裁减多余官员和士兵，以便节省国家开支。这一措施，直接导致政府开支减少。

花钱的地方少了，但并不等于财政收入就能增加。一些大臣向顺治提议，应该成立寻宝队，到各地去寻找被李自成、张献忠藏起来的金银宝贝。这种不切实际的建议，被顺治否决了。他认为要解决财政问题，必须先解决农业问题，让农民安居乐业，国家才能增加赋税收入。

在这一正确思路的指引下，顺治下令开垦荒地，并且修订赋税制度，同时，还颁布命令，严惩贪官和地方恶霸，在一定程度上缓解了财政困难。

在用人方面，顺治对汉人官员有意提拔和拉拢，他明白统治汉人，用满人那一套是不行的，只有采用汉人文化、制度，才能实现长治久安。因此,他以身作则,率先接受汉文化洗礼,并出台了"满汉一体"的政策。这一政策的实施,提高了汉人的地位和官员的权力,使得许多汉人知识分子感念顺治的恩德,甘心为他驱使卖命。

为了笼络汉臣,顺治可以说是无所不用。如洪承畴在大清平定江南的过程中,立了大功,但他也只有一个谋士的地位,没有什么实权。顺治亲政后,为了尽快结束西南地区叛乱,特地加封洪承畴为总督,让他经略西南诸省的财政军事宜,允许他全权处理这些地区的一切事务。即使后来洪承畴有失误,遭到大臣弹劾,顺治也没有处置他,依旧信任如故。

对于汉人大臣,顺治用柔的手段收服人心,对于普通士人,顺治的手腕就比较严厉了,文字狱就是一种有效的手段。清朝统治初期,汉人士人的反抗情绪还是非常严重的,拿不了刀枪上阵,就用笔为武器,写一些诗文段子,对大清进行讽刺,鼓动汉人起来反抗。同时,一些有名气的读书人,还会以结社为手段,举行秘密活动,或议论朝政,或联络江湖人士给朝廷找麻烦。面对这些活动,顺治毫不手软,发布圣旨,严令各地禁止结社;同时,还大兴文字狱,钳制民众的思想,遏制反清思潮蔓延。

汉人底层知识分子最重视科举,认为这是光宗耀祖的捷径。顺治皇帝对科举很重视,针对明末以来的科考腐败现象进行整治,让基层知识分子感觉到顺治皇帝是明君。顺治皇帝统治期间,一共举行了八次会试,其中有六次取的状元是江南地区的人。这让江南人很受用,觉得顺治是他们的知音。

正是采取了这些措施,顺治有效地打击了明末以来盛行的"官骄士横"的现象,收到了很好的效果。

第六节　江山美人

皇帝也是人,也有七情六欲,尤其在女人方面,皇帝的爱好更不同于常人,基本上只要自己喜欢,就要弄到手。但皇帝毕竟是皇帝,在娶妻方面,还是有很多限制的,所以作为皇帝,要么保持克制,要么就需要与这些规矩对抗。顺治皇帝就是一个要与规矩对抗的皇帝。

顺治的第一次婚姻,完全没有爱情可言,就是一桩政治婚姻。顺治十四岁的时候,到了大婚的年龄,这个婚姻是多尔衮定的,自然政治考虑要多一些,结婚的对象是太后的侄女、蒙古的公主,年龄比他大两岁。

对于这门亲事,顺治打心眼里是抗拒的,但为了江山社稷考虑,他只有牺牲自己的爱情,非常委屈地当了新郎官。

这样的婚姻自然不会幸福,偏偏这位公主的性格还非常刁蛮,稍有不如意,不是打骂宫女,就是和顺治闹别扭,也不爱读书,只想着打造金银首饰。顺治是才子皇帝,琴棋书画样样都会,面对着这样一窍不通的妻子,自然难以满意。

终于在隐忍了三年之后,顺治废了这位皇后。但作为皇帝,有时候婚姻是不能自己做主的,尤其是满蒙联姻更不能更改。所以顺治的第二位皇后还是一位蒙古公主,自然也不入顺治的法眼。好在这位皇后的脾气好,受得了委屈,得到了皇太后的支持,才稳稳当当地当着皇后。

在正妻那里找不到爱情,那就只有走偏门了。不久,董鄂妃走进了顺治的视野。董鄂妃是内大臣鄂硕的女儿,身份贵重。与其他满洲贵妇不同,董鄂妃是琴棋书画无所不通,这种后宫女子少有的才华和气质一下子就吸引了顺治,并让他马上爱上了她。

顺治就把董鄂氏召进宫里,当了自己的老婆。

没多久,两人就生下了一个儿子,但好事不是成双的,三个月后,这个孩子死了。儿子的死,对董鄂妃的打击很大,从此变得郁郁寡欢,三年后,只有二十二岁的董鄂妃也去世了。

爱妻病故,几乎让顺治发了疯,每日痛哭不止,恨不得追随爱妻而去,以至于宫里的人都不分昼夜地看护着他,生怕他因此而自杀。

顺治给了爱妻死后极大的尊崇,不仅追封她为皇后,还在景山建水陆道场,大办丧事,并将宫中太监与宫女三十人赐死,让他们在地下继续去伺候董鄂氏。同时,还破天荒地下令让全国都服丧,官员一月,百姓三日。

爱妻和爱子先后病亡,使得顺治一下子觉得生无可恋。他觉得这世界太灰暗,当皇帝也没什么意思,就想着要出家当和尚。

本来,崇尚汉文化的顺治就对佛教很感兴趣,在宫里还专门为一个叫溪森的和尚修建了馆舍,没事的时候,就去和这个和尚一起谈论佛理,议论人生轮回。现在,妻子的离世,让他更觉得当皇帝没意思,还不如出家当和尚的好。于是,就请溪森为自己剃度出家。

皇帝出家当和尚可是件大事,溪森也不敢做主,对皇帝说玩笑可以开,但不能这样开,还是好好当皇帝吧。顺治依然坚持自己出家的主张,大有不达目的不罢休的意思。溪森见说服不了他,只好帮他剃光了头发。

皇帝不做做和尚,这让顺治的母亲很生气,心想:"当初,为了让你坐这个位置,当妈的可没少费心思,现在倒好,为了一个女人,你竟然要当和尚了,成何体统?"马上派人把溪森和尚的师父玉林

和尚叫来,说:"你要是不管教好你的徒弟,我就管教你。"

玉林和尚见自己的徒弟闯了这么大的祸,也气坏了,那么多人不去剃度,偏偏要给皇帝剃度,出风头也不是这样出的。他也不跟自己的徒弟废话,马上让人架起一堆干柴,直接把溪森扔上去,就要烧死这个祸害。

顺治见要闹出人命了,只好说自己不出家了,这才让玉林和尚饶了溪森一条命。但不当和尚,不等于说顺治的心情就会好起来,接下来的时间里,顺治依然打不起精神,做什么事都没有兴趣。

人在这个时候,抵抗力是最差的,因此,疾病也找上了顺治,可怕的天花感染了他。天花对于那时的人来说,就是一张死亡通行证,再加上顺治也不想活了,所以,更加难以救治。

在等待死亡的日子里,顺治想到了自己作为皇帝的责任,那就是赶紧为大清找到一位正式的继承人。否则,大清开国时因为缺乏明确继承人而几乎大乱的悲剧就又要上演了。

挑选谁当自己的继承人呢?作为皇帝自然是不缺儿子的,但唯独缺少继承人。顺治此时也只有二十四岁,几个儿子自然也都处在幼年时期,很难看出谁有出息。

正当顺治犹豫不定的时候,汤若望发表意见了,他告诉顺治:"你的第三个儿子玄烨已经得过天花了,以后再不会得这种可怕的疾病,而其他几位皇子则还处于天花的威胁当中,只要染上了天花,就和你一样的命运了。所以选玄烨最安全。"

顺治马上接受了这个建议,立玄烨为自己的继承人。

做完这件大事后,顺治的使命也就结束了。1661年正月初七,顺治驾崩。

第四章

开启盛世
——康熙的文治武功

康熙皇帝玄烨是大清第一个被正式确立为继承人的皇帝,虽然根正苗红,但并不等于皇帝就当得一帆风顺。因为,在皇权至上的社会里,权势太诱人了。有机会拥有权力的人,都不愿轻易失去。因此,康熙在即位之初,就面临着巨大挑战。

第一节　小皇帝不天真

顺治去世前就确立了自己的继承人,所以,康熙即位,没有什么波折。但此时的康熙只有八岁,是个小孩,就算他是天才,也难以处理国家大事。关于这一点,顺治生前也考虑到了,所以他专门为儿子安排了顾命大臣鳌拜、索尼、苏克萨哈、遏必隆来辅佐。

顾命大臣的职责就是帮助皇帝处理政务,顺治选择的四个顾命大臣也非常有讲究,索尼和鳌拜是正黄旗首席大臣,当初在拥戴自己即位时,就立下大功。如果不是他们当初以死相拼立皇太极的儿子即位,现在坐在皇位上的人还不知道是谁呢。而且正是因为两人的拥戴,多尔衮掌权后,就让两人坐了冷板凳,尤其是鳌拜,不但被降职,还蹲了大牢。要不是多尔衮死得早,估计也没命了。但即便如此,鳌拜还是不投靠多尔衮,就在家里坐冷板凳。这样的人不信任,还信任谁?而遏必隆更了不得,他的父亲是努尔哈赤打江山时的左膀右臂,为了树立努尔哈赤的权威,他亲手杀了自己的儿子。现在遏必隆也是个文武双全的人,又是皇家至亲,也值得信任。

顺治想,有这四位忠心耿耿的大臣护驾,自己的儿子肯定不会出什么差错,等到长大了,大清江山应该如铁桶一般,儿子就可以当太平天子了。但他却忽视了在帝制社会里,权力对人的影响。其中变化最大的就是索尼和鳌拜两人。

索尼当初是为保皇太极家族而勇于出头的人,结果被多尔衮打压,想出苦力都轮不上,大好年华只能闷在家里看着多尔衮的人荣华富贵,甚至连原来自己的手下,也因为投靠多尔衮而飞黄腾达,爬到自己头上去了。现在虽然顺治让他担任首席顾命大臣,但

他年岁已经大了,不想再折腾到皇帝家的私事当中,只想安稳过几年日子,最好再为自己的家族保个荣华富贵。有了这心思,索尼在辅政上面,就不那么积极了,总是当个好好先生。

而另一个顾命大臣鳌拜则不同,他是一名武将,性格粗鲁,顺治皇帝任命他为顾命大臣,想的是文武搭配,相得益彰。但鳌拜的切身经历让他感受到,没有权力就什么都不是。豪格是皇子,还是被多尔衮整治得服服帖帖,最后甚至连命都没有了,即使是皇帝都救不了他。因此,他此时想的是再不能让权力从自己手里溜走,不能再被别人欺负。

思路决定出路!四个顾命大臣当中,索尼意志消退,不想管事,遏必隆跟鳌拜关系不错,也不会反对他,而苏克萨哈虽然才干超群,但性格上有点软,所以不想出头的不出头,那就只有想出头的鳌拜要闹出点动静了。

于是鳌拜就从找多尔衮算账开始,对多尔衮管辖的白旗领地进行强行置换,理由是这块地原来是黄旗的势力范围,是被多尔衮强占的,现在应该还给他们黄旗。这种算旧账的行为遭到了白旗势力的反抗。在他们看来,多尔衮活着的时候鳌拜不敢出头,现在人都死了十几年了,再来逞英雄,算哪门子好汉?况且康熙三年(1664)就颁布了命令,以后不再进行圈地。有了这一条命令,就算鳌拜不愿意又能怎么样?

没想到,鳌拜等的就是白旗的人反击。他发动党羽,对白旗主要官员进行诬陷,然后动用顾命大臣的权力,直接把主要官员逮捕,并处以死刑。命令送到康熙那里,让他签字。康熙想,为了这点事就要杀白旗的大臣,不至于!所以他没有签。鳌拜却不管那么多,不签就不能杀吗?他直接越过康熙,自己传达了圣旨,杀了白旗的几个主要官员。

这一下,鳌拜的权威显露了,朝廷上下立刻对他是人见人怕。只要他提出的意见,基本上没人反对。等到了1667年,索尼病死,更没人能遏制鳌拜,他更是连皇帝也不放在眼里,大力培植亲信掌权,朝廷关键岗位,全都被他的人占据了。苏克萨哈见他闹得实在不像话,就以退为进,向康熙提出退休,这样,顾命大臣的权力就会被皇帝收回。鳌拜当然不希望这一计划实现,马上上书指责苏克萨哈居心叵测,罪该万死,让康熙下令,对苏克萨哈实施凌迟处死。

康熙当然不同意,但鳌拜可不是皇帝不同意他就不做的角色,硬是同康熙纠缠到底,把苏克萨哈处死才罢休。康熙知道自己麻烦大了,想:"父亲受多尔衮压制,那好歹还是自己家里人,你鳌拜算什么,是我家的奴才而已。再这样下去,那我以后的日子不是比父亲还惨吗?"

皇帝对大臣起了疑心,就意味着大臣的好日子到头了。但康熙觉得此时自己的力量还小,对付鳌拜还没有必胜的把握,于是,就采取忍的态度,没有与鳌拜公开对抗,还故意公开示弱,让鳌拜以为自己无能。但在暗地里他却让亲信索额图召集了一班身强力壮的少年,在宫里以练习摔跤为名,每天进行训练,自己则在一旁观看,即使鳌拜来了,也故意不回避,使得鳌拜放松了警惕。

就这样,双方一直和平共处到了1669年农历五月十六日,康熙觉得不能再忍下去了,就对那班少年说:"今天我要捉拿鳌拜,你们愿意听从我吗?"那班少年说:"愿意。"于是,当鳌拜进宫时,康熙指挥少年一拥而上,把鳌拜擒获下狱。然后,又立刻召集索额图等心腹大臣,将鳌拜的心腹一网打尽。这一年,康熙还不到十六岁。

在清除了鳌拜的势力后,康熙对朝廷制度进行了改革,限制了大臣的权力,逐渐把天下大权集中到自己手上,建立起君主集权的政治体制,朝廷大事,只能皇帝授权给大臣,使得大臣今后无法再

威胁到皇帝，为清朝真正确立了强硬的皇权制度。

第二节　铁腕平三藩之乱

　　康熙掌握了朝廷大权后，并不意味着他就可以高枕无忧了。相反，他面临的局势更加险恶。其中，最大的威胁就来自地方实力派，号称三藩的平西王吴三桂、靖南王耿精忠和平南王尚可喜。这三藩中以平西王吴三桂实力最强，势力最大，也最让朝廷头疼。

　　吴三桂是明朝降将，当初就是他引清军入关，才导致清军入主中原，建立起一个全新的王朝。而清军也对吴三桂青睐有加，不断对他加官晋爵，驱使他到处平定叛乱。吴三桂也很卖力，从山海关一直打到云南，还深入缅甸，剿灭了大明最后一个政权，并亲自用弓弦勒死了南明最后一个皇帝——永历皇帝。

　　正是因为吴三桂功劳大，所以清朝就封他为王，让他永镇云南，而其他两位王爷的待遇也和吴三桂差不多。清廷的打算就是想用高官厚禄来拉拢吴三桂等人，但同时吴三桂等人的势力也在朝廷的姑息当中，不断壮大，以至于康熙即位后发现，三藩问题不仅仅是经济问题，而且还是政治问题。

　　首先是财政方面。户部指出，每年拨给三藩的钱款占了一半，再这样下去，朝廷就无法过日子了。因此，要三藩裁军。吴三桂当然不会答应，他借口叛乱还没有平定，裁军就是自寻死路，逼迫朝廷为他增加军费。

　　其次，吴三桂还把持了他所控制地区的官吏任命权。云贵地区的地方官吏和军队官员由他直接任命，朝廷不许干涉。除此之外，他竟然还干涉其他地方事务，不仅可以从别的地方调派官员，还派自己的亲信到其他地方去任职，使得吴三桂的亲信遍布朝野。

再次，吴三桂在所占据的地方有收税的权利，朝廷对此不能干涉。于是，通过垄断贸易和税收，吴三桂积累了大量的财富。其他二位藩王，也不甘落后，在广东、福建两地依样画葫芦，俨然成为一个个独立王国。

面对这种态势，强硬的康熙当然不肯等闲视之，如何处理三藩问题，就成了他的心头大患，总想找个机会，一举解决。终于，机会来了。1673年，平南王尚可喜见自己的儿子尚之信太嚣张，觉得再跟儿子住在一起，会被他连累的。自己这把年纪，已经是王爷，到老出个什么差错，就太不划算了。于是，他给康熙上表，请求让自己回到辽东去养老，这平南王的爵位就给儿子继承，让他留在广东。

康熙皇帝正愁上楼没有梯子，马上就对尚可喜进行了一番表彰，不但同意他回辽东，还让他带领儿子、部下一起回辽东，广东事务交给地方官处理。尚可喜见了回信，倒没怎么不满，立刻开始准备搬家。

吴三桂和耿精忠听说后，觉得这事不妙，三藩一荣俱荣，一损俱损，撤了一个藩王，剩下的两个肯定也保不了多久。为了试探康熙的态度，吴三桂和耿精忠也上表，请求撤藩，也要回辽东养老。吴三桂以为自己这么做了，康熙会挽留自己，让自己继续留在云南。不想，康熙撤藩的决心已定，见吴三桂和耿精忠也上表要求撤藩，立刻答应。康熙手下的大臣分为两派，大多不同意撤藩，认为只要撤藩，吴三桂肯定要造反。康熙认为吴三桂要反，迟早要反，不如先发制人，看他怎么办。

正在云南做着康熙服软美梦的吴三桂见康熙来真的了，知道自己云南王是当到头了，于是，他一面假意向康熙表示准备带手下回辽东，一面派自己的将领封锁进入云贵的关隘，禁止朝廷人马出

人。经过一阵准备后，1673年农历十一月二十一日，吴三桂召集部下，宣布造反，并自认天下兵马大元帅，然后打着为明朝复仇的旗号，举兵北上。

由于吴三桂造反蓄谋已久，又打着为明朝报仇的旗号，所以他一挑头，天下立刻响应，靖南王耿精忠和平南王尚之信还有其他地方的官吏以及民间反清势力，都纷纷跟进，一时间，响应吴三桂造反的总督、巡抚、提督、总兵等地方大员达二十六人，天下震动。

面对不利局面，康熙丝毫没有慌乱，他召集群臣，先承担责任，说明撤藩是自己的决定，并处死了吴三桂留在北京的儿子，决心要和吴三桂对抗到底，然后开始调配力量进行反击。他发文天下，表示叛乱的首恶只是吴三桂，其余的人都可以宽大处理，希望以此来瓦解吴三桂的军心。

但打仗绝不是儿戏，吴三桂的势力，也不是一纸招降诏书就能解决的。在叛乱开始时，吴三桂势如破竹，一口气就从云南打到了湖南岳州，只要渡过长江，就能让康熙手忙脚乱了。

正当康熙面对吴三桂的进攻，有些手足无措时，吴三桂却下令军队在岳州停止前进，然后分兵到处抢地盘。在吴三桂看来，自己的兵马不足，再往前打，战线太长了，还是稳妥一点，守住一块地盘，最不济也能来个划江而治。

吴三桂的想法让他的手下感到不解，很多人都催促他赶快前进，不要停留，只有火速赶到北京，才能一举平定天下，但吴三桂就是不听，大军就在岳州停下了。

吴三桂犯了战略错误，这等于给了康熙喘息的机会。康熙立刻派重兵布防长江，然后开始部署军队进行反击。针对八旗兵溃散的现状和王公贵勋的无能，康熙大力提拔汉人担任军队指挥官，并组建以汉人为主的绿营。几番整顿后，清廷恢复了力量，凭借强大的后勤力量,开始向吴三桂发起反攻,并不断瓦解吴三桂的军事同盟,使得耿精忠和尚之信先后归降了朝廷。经过几年战争的消磨,吴三桂的势头被打下去了,在军事上完全丧失了主动权。

1678年,已经七十六岁的吴三桂在绝望中匆匆登基,过了一把皇帝瘾,然后就死掉了,留在云南的孙子吴世璠即位。吴三桂这种老江湖都搞不定的事,一个毛孩子就更不行了。没多久,清军就把昆明围了个水泄不通。坚守了几个月后,昆明守军决定投降求生,并想把吴世璠等人献给清军。在绝望中,吴世璠自杀,吴三桂最后的势力也被剿灭,历时八年的三藩之乱就此平息。这一年,康熙刚刚二十八岁。

第三节 谁不服? 出来!

平定了三藩之乱,康熙似乎已经是人生大赢家了,但他并不满足,因为台湾问题又成了心头大患。

台湾原来是郑成功据守的,也是这一时期最重要的反清基地。郑成功在初期,声势逼人,曾经差点打下南京,只是中了守军的缓兵之计,最后功败垂成,只好跑到台湾。在那里,他打败了荷兰入侵者,使得台湾重回中国版图。就在他想要全力经营台湾,与清廷做长久对峙时,他却不幸病故。而继任者守成有余,开拓不足,也不想着反清复明,只想把台湾弄成化外之地。

康熙的目的是追求国家的大一统,自然不会让台湾的郑氏势力得逞,之前只是一直被吴三桂捆住了手脚。而郑成功的儿子郑经也是一把好手,趁着康熙和吴三桂打架,还出兵占据了福建的厦门,在大陆打下了一颗钉子。

好在康熙打赢了对吴三桂的战争,可以腾出手来收拾郑经了。

但康熙面临的困难不比对吴三桂时少,最大的问题就是清军都是陆军,而台湾孤悬海上,水军超强,这也是郑经倚仗的资本。清军就是人数再多,难道还能在海上把台湾围着吗?敢出海,肯定是郑军的天下。于是,在打了几仗后,郑经主动向康熙提出:"我也不造反了,但我也不能臣服你,我们大家都退一步,你不打我,我可以成为你的属国,不剃发,不改汉族衣冠。"

康熙想,这是什么条件?既然谈不拢,就只好打了。但真要打台湾,大臣却不怎么赞成,觉得为了那么个地方花力气划不来,不如不去管它。但康熙却力排众议,坚决要收回台湾。他选派了力主收回台湾的姚启圣为总督,专门负责对台事宜。

姚启圣上任就是三板斧,不仅开造军舰,还大力招降台湾郑经的人马,从内部分化对方的力量,并严禁与台湾进行贸易。正是在康熙的支持下,姚启圣的工作卓有成效,在与郑经打了八年的拉锯战后,终于把郑经从厦门赶回了台湾,让郑经丧失了在大陆的最后一块根据地。

1681年,郑经病死,其子郑克塽即位,大权被冯锡范把持,为了树立权威,冯锡范等人大肆铲除异己,使得台湾方面人心不稳,极大地削弱了其统治基础。

这时,姚启圣建议康熙要抓住这个时机,赶紧收复台湾。康熙同意,并指派原来郑成功的手下施琅担任福建水师提督,协助姚启圣收复台湾。

1681年,施琅到达福建前线。为了保证作战效率,施琅把总督姚启圣抛在一边,自己专断打仗,只让总督负责后勤供应。姚启圣官职是总督,是一把手,同时,也是一个海战的好手,这么多年把郑氏实力消磨得差不多了,就是他的功劳,见施琅要来摘桃子,自然不服,双方就吵了起来。

官司打到康熙那里，康熙经过一番思考后，裁定海战由施琅负责，姚启圣负责后勤。有了尚方宝剑，施琅也就不把姚启圣放在眼里，开始按照自己制定的策略进行布置。

台湾方面见施琅来攻打台湾，知道这个人不好惹，对自己这边的战术知根知底，从心里就开始有些怕了，结果处处被动，总被施琅牵着鼻子走。没多少日子，施琅抓住战机，一举攻克了台湾的门户澎湖，使得台湾失去了屏障，成为孤岛。

郑克塽见事已至此，再打下去，就只有死路一条，想想还是投降为好。但领军的施琅和郑家有血海深仇，他能放过郑家吗？于是郑克塽就派守将刘国轩去试探他如何处置郑氏。关键时刻，施琅以大局为重，把个人恩怨放在了一边，表示只要郑氏投降，他会不计前嫌，并当众发下誓言。郑克塽收到回信，不再迟疑，立刻归降。

台湾收复后，到底是派兵坚守，还是完全放弃，朝廷内部又发生了争执，施琅见朝廷一帮糊涂蛋竟然想出了放弃台湾的馊主意，急得马上给康熙上奏，说台湾如果被放弃，荷兰殖民者就会卷土重来，那时浙江、福建等富庶之地，就成了前线，大清就会后患无穷。

康熙采纳了施琅的意见，于1684年在台湾设置新的政权机构，归福建管辖，并在台湾驻兵。由此，台湾开始了大规模的开发，经济文化发展迅速。至此，台湾完全实现了和内地的统一。

南方平定后，北方的少数民族也开始向康熙叫板，尤其是蒙古，无视和清之间的姻亲关系，总想把关系倒过来，成为婆亲的一方而不是嫁女的一方。这关系看起来很简单，但其实就意味着政权的转移。在战火中成长的康熙，自然不会坐视这种现象发生，因此，他准备收拾蒙古的叛乱势力。

蒙古的叛乱势力以噶尔丹为首，他勾结沙俄，企图称霸整个蒙

古。有了沙俄撑腰,噶尔丹纠集大军,在从新疆到蒙古漫长的战线上不断侵扰,使得清朝统一的边疆受到了威胁。

康熙对噶尔丹的行为自然不能容忍,打吴三桂时,他年龄还小;收复台湾时,是海战,他不熟悉;现在打噶尔丹,是在北方大草原上,他年龄也大了,于是决定御驾亲征。1690年,康熙率领清军在乌兰布通大败噶尔丹,又经过了几年的拉锯战,终于于1697年在宁夏把噶尔丹逼入绝境,不久死去。至此,彻底清除了蒙古的威胁,使得蒙古各部领略到了大清的威严和统一中国的决心,表示再不敢跟着噶尔丹这样的人胡闹了。而康熙也采取了怀柔政策,加强了和蒙古之间的姻亲关系,并亲自把自己的女儿嫁给了蒙古部落的首领,使得满蒙一体的国策进一步得到了加强。

蒙古问题解决后,西藏问题又摆在了康熙面前。1682年,西藏的五世达赖去世,其亲信密不报丧,竟然和噶尔丹勾结,准备和清廷对立。康熙在平定噶尔丹叛乱后,腾出手来,收拾西藏的叛乱力量。

一开始,康熙对西藏问题是很轻视的,总觉得自己大风大浪都闯过来了,西藏问题又算什么?因此,他只派了自己的一名侍卫领着不足三千人的老弱残兵,去进攻西藏首府拉萨。结果,这些人马一去不复回,全部被叛乱分子歼灭。这下才让康熙觉得西藏的事不能小看。1720年,康熙派皇十四子领兵,从四方对西藏发动进攻,最终一举击溃了叛军。

击败西藏的叛乱分子后,康熙在西藏实施了几大举措,如派驻藏大臣,实行册封班禅制度,确立噶伦共管制度以及在西藏驻兵。正是这一系列有效的制度,使得西藏与内地的联系不断加强。尤其是册封班禅制度,使得西藏达赖的寡头政治势力得到削弱,在客观上对达赖形成了制衡,也使得中央政府能够对西藏社会进行有效的管理。而驻兵制度，更是有力地维护了西藏的统一。

第四节　平定沙俄

康熙这个皇帝当得很辛苦，不但要应付国内的许多麻烦事，更要应对来自国外的侵略者。

东北是大清的国运发祥地，大清在东北的统治地域西边到了贝加尔湖，北边到了外兴安岭，南边到了日本海，东边抵达鄂霍次克海，包括现在库页岛在内的地区。而此时，地处欧洲的沙俄开始了领土扩张，他们听说在东边有一条江叫黑龙江，想着有河肯定就有领土，于是就派了远征军，来占领黑龙江地区。

在康熙还没有亲政的时候，沙俄就侵占了黑龙江畔的雅克萨，并在雅克萨和尼布楚之间建立了许多据点，想着有朝一日，把这些据点连接起来，那就和尼布楚连成了一体，整个黑龙江就是他们的了。为了达到这个目的，沙俄方面不仅不断派出武装对中国进行骚扰，还派遣使团来北京和中国政府进行谈判，借此收集情报。

当康熙在和吴三桂进行生死决战时，沙俄觉得自己的机会来了，于是不断调拨枪炮到雅克萨和尼布楚，准备趁乱抢占这一地区。康熙皇帝得知后，不断派使者前去发出警告，但沙俄不加理会，继续自己的入侵工作。

1681年，三藩之乱平定后，康熙决定一劳永逸地解决东北问题，也好让祖宗发祥之地得到安宁。他特地在1682年农历二月，带领大臣从盛京出发，对东北进行巡视，以便了解沙俄在东北的军备情况，为日后的军事行动做好准备。

回到北京后，康熙和大臣进行商议，认为雅克萨距离内地太远，人烟稀少，真要打起来，兵员和粮草补充困难。因此，康熙认为

要打仗不能太急,要先做好准备,等到条件成熟后,再一劳永逸地解决问题,现在先要同沙俄一样,先派兵在前方建立据点,在黑龙江建立永久驻兵点。

在攻打雅克萨的问题上,大臣的意见也不一致,有的主张放弃,有的虽然主张打,但却主张速战速决,把沙俄赶走就完事,至于永戍黑龙江的建议,则几乎没有什么人赞成。康熙对此非常不满意,于是,不顾大臣反对,于1683年下令设置黑龙江将军,由萨布素担任,并率一千士兵进驻额苏里。正是因为康熙的高瞻远瞩,设立了黑龙江将军,提高了黑龙江的战略地位,使得东部边防得到了加强。

1685年,收复雅克萨的时机基本成熟,康熙皇帝立刻向沙俄政府发了照会,督促沙俄政府立刻从中国撤军,归还被侵占的中国领土。沙俄政府正在兴头上,只想着如何继续扩大占领范围,哪里会把康熙的信放在眼里,直接不理会。

康熙见说理的套路不灵了,决定拉下脸来用兵。1685年农历四月二十八日,康熙下令立刻收复雅克萨。都统彭春带领三千名水师,再加上林兴珠带领的五百藤牌兵,开赴雅克萨,并于农历五月二十四日完成了对雅克萨的包围。

沙俄一见清军来真的了,急忙迎战,打下去才发现,自己根本不是对手,只好投降。彭春见对方这么不经打,也就算了。他派人把所有沙俄俘虏兵全都送到额古纳河口,让他们自己回尼布楚。

清军太轻视沙俄,觉得这样的军队没有什么了不起,没想到,沙俄在返回尼布楚后,马上纠集了一千多人的军队,突然袭击了雅克萨。康熙得到消息后,十分生气,马上下令,进行第二次雅克萨之战。

这一次沙俄吸取了上次的教训,不再和清军进行交战,而是采取了死守的策略。清军因为没有火器,攻城不利。康熙下令,围困雅克萨,什么时候对方投降,什么时候撤围。于是清军立刻把雅克萨围了个水泄不通。

这下沙俄受不了了,只好与清廷进行谈判。1686年,沙俄代表团来到北京,向康熙递交照会,请求清政府先撤围,然后两国进行谈判。康熙答应了沙俄的请求,下令前方撤围。

1689年农历八月,中俄双方进行了谈判,围绕着雅克萨地位问题,双方进行了长时间的唇枪舌剑,康熙见谈判相持不下,就决定让武力来发言。于是下令对尼布楚进行包围。沙俄见清廷又来这一手,哪受得了,只好乖乖做了让步,接受了清廷提出的谈判条件。

《中俄尼布楚条约》被看作是一个平等条约,虽然康熙在领土上做出了让步,但也收回了雅克萨,制止了沙俄对中国东北的进一步侵略,使得东北得到了百年的安宁。

第五节　理不清的家务事

康熙是一位有作为的皇帝,如果说真有什么缺憾的话,那就是在处理家务方面。本来皇帝的家务事就不是小事,如果再处理不好,就会令整个王朝陷入动荡。很不幸,康熙就没能避免家务事带来的烦恼。

康熙幼年丧父,父亲死后一年多,母亲又去世了,不到十岁就成了孤儿,只是在天子光环的照耀下,他这个孤儿与普通百姓的孤儿是不一样的。人们更多的是看重他所享受到的荣华富贵,却忽视了一个幼儿心里对父母的依恋。

康熙的祖母就是著名的孝庄太后,从人生的际遇来看,孝庄也是个悲剧人物。但不管怎么说,孝庄培养康熙成为一名伟大君主

的教育,是成功的。

孝庄眼里的康熙,不仅仅是自己的孙子,还是确保家族皇权永固的重要棋子。因此,康熙人生的每一步,既要符合皇权的政治意图,又要人生幸福美满,说起来容易,做起来就不那么简单了。康熙的第一位皇后赫舍里是索尼的孙女,孝庄定下这门亲,无疑是为了拉拢作为顾命大臣的索尼。好在赫舍里受过良好的教育,与康熙非常恩爱,这桩政治色彩很浓的婚姻才避免了顺治那样的婚姻悲剧。

但幸福的婚姻并不长久,赫舍里在生下皇子胤礽后,就因为难产而去世。或许正是因为失去了母仪天下的皇后,康熙在如何教育子女方面,陷入了麻烦,而且终其一生,都没有能解决好这个问题。

康熙一生,有三十五个儿子,活下来的有二十四个,而有能力继承皇位的有九个,就是普通人家分家产,这么多儿子都不好分,更何况是人人都看重的皇帝宝座?从能力上看,九个想当皇帝的儿子都不错,任何一个人当皇帝,都不大可能是昏君。而这其中,康熙最看重的就是二儿子胤礽,因为这是他与皇后所生。清朝仰慕汉人嫡长子制度,一直想模仿,却从没有机会,现在,康熙觉得是实现这个梦的时候了。于是,对二儿子就是作为日后的皇帝来培养教育的。不仅很早就确定了胤礽的太子之位,更是为他配备了最好的教师,进行治国教育。

继承人只要一天不扶正,就没人把你当回事,皇位继承人也一样,更何况大清从努尔哈赤时期起,就没确立过继承人制度,前辈争皇位的经历,还历历在目。对于康熙的几个儿子来说,只要老二一天不即位,大家就还都有希望。于是围绕着皇位的角逐,就开始了。

康熙对胤礽非常看重,在开始的时候,认定自己的皇位就该他继承,而胤礽也是这么认为的,并且一直都在做着当皇帝的准备。只是他没有想到,康熙的寿命太长,而自己在一出生时,就被立为太子。漫长的等待就成了一种折磨。尤其是在康熙出巡、打仗而让他留守京城负责处理事务时,那种被人重视却又无法持久的感觉,让他欲罢不能,又备受折磨。

就这样,在康熙还没觉得有什么不妥的时候,胤礽却开始抱怨了,说什么哪有当了四十年太子还是太子的事。这抱怨很明白地传递着一个意思,那就是:"老爸,你该挪挪窝了,要么高升一步当太上皇,要么由我来帮你高升一步,我来当皇帝。"

康熙是位强人,皇权是自己拼死挣来的,能这么轻易地给人吗?哪怕是自己的儿子也不行。对于皇权,康熙的态度就是:"我不给,你就不能要。"于是父子间的隔阂就产生了。

康熙的其他几个儿子,本来对胤礽当继承人就不服气,现在看到机会来了,那还不赶紧利用?于是兄弟间钩心斗角的大戏上演了。

1708年,康熙带着几个儿子去打猎,本想借此机会教育几个儿子,没想到随行的十八子胤祄突然得病死了。在平常人家,兄弟死了,当哥哥的肯定会悲痛。但在帝王家,同辈的兄弟死了,那就是去掉了一个竞争对手,兄弟们不开心庆贺就不错了,哪里会有什么悲伤?康熙见胤礽一副无所谓的样子,就很生气,把几个儿子大骂一顿。

这样一来,胤礽就有些着急了,想着自己熬了四十多年,别被父亲给换了,那四十年小心做人的日子不是白过了?于是,胤礽开始关注康熙的行踪,甚至在夜里跑到康熙的寝帐外面,偷窥他的举动。只是胤礽不是搞"特工"的料,他的举止都被康熙发现了。气

得康熙回到北京,就把他的太子给废了。

这下,等于宣布皇帝宝座的归属重新开始分配。于是,九个儿子结成了几大集团,开始抢夺。其中最被人看好的是排行第八的皇子胤禩,他自己也踌躇满志,等着这天大的馅饼落到自己头上。

但皇帝的心思是不可捉摸的。康熙虽然废了胤礽的太子之位,但也没打算让别人接这个位置,看见这么多人冒头更来气,马上把表现最积极的皇长子和皇八子给痛责了一顿,下令将两人关押,等于直接剥夺了两人继位的可能性。然后,又宣布以前太子做的荒唐事,是因为他有病,现在病好了,可以恢复继承人的地位了。于是,胤礽又成了太子。

太子确立了,但不等于天下太平了,皇子们觉得既然废掉太子能有第一次,难道就不能有第二次?第一次大家没做好准备,所以让机会溜走了,现在早做准备,机会再来时,就不会手忙脚乱了。

在这种想法的驱使下,几个皇子结成了不同的派系,以八、九、十、十四皇子为一派,支持十四皇子争太子;而四皇子则支持太子,太子自己也知道几个弟弟都不怀好意,生怕自己又被他们搞下去,于是也结党营私,巩固自己的位置。

但这种行为,却触到了康熙的底线,他最恼火的就是结党。因此,四年后,康熙又宣布废掉胤礽的太子之位,并囚禁起来。同时,他宣布不再立太子。一代雄主,被家务事弄得心力交瘁,晚年悲哀。

第六节 康熙时代的文化艺术成就

康熙是中国封建时代统治时间最长的帝王,虽然在位初期,经历了三藩之乱,但他却把战火阻隔在长江以南,没有让战争蔓延到全国。之后经过他的励精图治,国力得到了发展,在文化方面也取得了很大的成就。

康熙本人对于汉文化非常精通,对于艺术方面的音律、书法、绘画等都有研究,他对文化最大的贡献就是编撰了一部《康熙字典》,这部字典一直用到汉语拼音出现,才被替代。

明清时期,一种新兴的文学体裁迅速发展,那就是小说。在明朝已经有《三国演义》《水浒》和《西游记》问世了,至于其他类型的短篇小说,则更是数不胜数。但小说是个新事物,正统的文人还是看不上,也不是书商们关注的对象。但在康熙时期,却有一个得到康熙点赞的小说家和一部短篇小说集,这就是蒲松龄和他的《聊斋志异》。

蒲松龄是正统文人出身,他开始的目标就是想通过科举考试赢得一个出身,好飞黄腾达,而且一开始,他的科举之路也很顺利。十九岁考童子试,三战三捷,是县、府、道的第一名,被大家视为神童。但接下来的事,就让人看不懂了。蒲松龄从少年考到古稀之年,却连举人的资格都没考上,似乎他的好运全都在考秀才时用光了。

没办法,中不了举,就得想办法养活自己,蒲松龄除了读书,别的不会,所以只好在乡下当教书先生。乡下没什么正经的娱乐,所以在教书之余,蒲松龄最大的喜好就是听人聊天、讲故事,慢慢地,他觉得这些故事很有意思,要是把这些故事记下来,让更多的人看到,不是很有趣吗?

想到这里,蒲松龄就行动起来了,每天在门口摆上桌椅,泡上一壶茶,请乡邻、老者讲故事。日子久了,大家都知道有这么一位曾经的神童喜欢听人讲奇闻轶事,于是都主动来他这里,把自己听到的故事讲给他听。蒲松龄是来者不拒,把故事全都记录整理下

来,然后自己进行加工梳理。终于,在乡野农村看起来平淡无奇的故事,在他的妙笔生花下,变得格外吸引人。尤其是讲狐仙一类的,让人看了,不觉得狐仙可怕可恨,相反觉得可爱。一些看过的人,都被吸引了,经过口碑效应,蒲松龄的大名传得更远,都说在山东某个地方,有一位故事大王。

康熙听说了蒲松龄这个人,也想看看这个不是因为科举而成名的读书人。于是在巡视山东时,特地到了蒲松龄的家,与他见面。蒲松龄虽然名气大,但毕竟是个乡下人,又不是科举正途,也就上不了台面。所以康熙就问他,是不是还想考科举?还想考,就直接提拔他,免得那些考官又不识才。蒲松龄想,自己都七十多了,就是考上了,又有什么意思呢?所以就说不考了。康熙也没有难为他,就问他写书的书房在哪里?蒲松龄穷得叮当响,哪里有什么书房?只有那几间破屋子。康熙很感慨,就说:"你的书编好了,还没起名字吧,我就帮你起个名,叫《聊斋志异》吧。"

《聊斋志异》从体裁上看,是一部积极的浪漫主义作品。它的浪漫主义精神,主要表现在对正面理想人物的塑造上,特别是表现在由花妖狐魅变来的女性形象上,这对于重男轻女的中国封建社会来说,是非常难得的。另外,也表现在对浪漫主义手法的运用上。蒲松龄善于运用梦境和上天入地、虚无变幻的大量虚构情节,摆脱现实社会对自己的束缚,以此来表现自己的理想,解决现实中无法解决的矛盾。由于蒲松龄一生都是秀才,所以,在《聊斋志异》中,男主角也大都是秀才,这似乎也是他自己的人生写照。

1715年,七十六岁的蒲松龄离世,但一部《聊斋志异》足以让他不朽了。

满人是马背上的民族,就连他们自己也认为自己应该过刀头舔血的日子,舞文弄墨不是他们所长。但在这群以武著称的满人当中，却走出了一位以写词而著名的青年才俊，他就是纳兰性德。

纳兰性德是正黄旗人，其父是康熙的红人——大学士明珠。明珠虽然有名有权，但没有文化，而且按照满人的习俗，男人都要习武，再加上是功勋之家，功勋子弟都要入宫当侍卫，也就是皇帝的警卫员，这也不需要有什么文化，只要胳膊粗就可以了。纳兰性德开始也是康熙的侍卫，还是康熙的贴身警卫，看起来，武艺也不低，但他却不满足于此，而是放下刀剑，拿起笔，参加了科举考试，这一考，就考出了奇迹，成为满人当中难得的进士。

武能当警卫，文能考进士，这样的人即使放在现在，也很难找出一个，更何况纳兰性德写词还写出了水准，被公认为北宋以来第一人。想想看，写词这种文艺范，本来应该是汉民族的拿手绝活，现在却被一个满洲武士拿了第一，而且大家还都服气，可见其功力之深了。

纳兰性德是武人出身，但性格却多愁善感，再加上天生超逸脱俗的禀赋，轻取功名的潇洒，种种常人无法具备的因素，在他身上都齐备了，所以，才能写出飘逸灵动的词。看纳兰性德的词，很难把它与纳兰性德的职业联系起来。

那些上过战场，流过血，过了今天不知道有没有明天的武夫们，为了能够满足当下，很多都会去抢财物、女人，但纳兰性德却对这种抢夺的职业格外厌倦，对豪取的富贵也非常轻视，独对缠绵的爱情如此看重，这在满人看来，简直不可理喻。抢夺来的东西，当时的确有快感，但却不长久，而纳兰性德所追求的情感，却能穿透历史的长河，至今影响我们的心灵。

文化人都喜欢歌颂不老的爱情，这也是词的写作范围，但纳兰性德却写出了爱情的另一面："人生若只如初见，何事秋风悲画扇。等闲变却故人心，却道故人心易变。"不要讲什么天长地久最幸福，

其实,意中人在刚开始认识的时候,才是人生最美妙的时候,时间久了,就难免变心。所以,还是应该停留在刚刚结识的那一刻为好。多少年来歌颂的天长地久的爱情,却被纳兰性德短短的几句话给颠覆了,要想真正的幸福,还是维持初见的感觉为好。

纳兰性德无疑是清初中国文学界的天才人物,可惜,天才从来都是不幸的,纳兰性德也不例外,1685年,当纳兰性德病死时,只有三十岁。

第五章

上位博弈
——不被看好的人当了皇帝

雍正皇帝胤禛是大清康乾盛世的承上启下者,也正是因为有了雍正皇帝,才开启了后六十年的乾隆盛世,但雍正皇帝的即位,却从一开始就充满了质疑。作为一个有作为的皇帝,雍正的名声一直都不好。这在他生前就已经有了显露,但他却毫不在乎,依然我行我素。

第一节　为什么是他

康熙第二次废除胤礽的太子之位后，还下令把他圈禁起来，这等于宣布，太子再想复出，是不可能的事了。同时，康熙也对群臣宣布，自己只要活着，就不立太子。至于谁是自己的继承人，几个儿子自己去争吧。

康熙的儿子众多，但在这个节骨眼上，最后能有资格坐上皇位的只有几个。其中，三子胤祉年龄最大，以前属于太子阵营中的人，现在见太子被废，心中暗想这交椅是不是该自己坐坐了？虽然胤祉有这个企图，但却缺少这个雄心。他本是个文人，喜欢钻研学问，而康熙却是个马上皇帝，怎么也不会用个只有学问没有能力的人当自己的接班人。而且胤祉手下也都是些文人，经营能力不足，所以在皇位争夺战中，他基本上没有什么胜算。

皇五子胤祺虽然年长，但没有什么办事能力，连料理皇族丧事这样的事情都办不好，除了脾气好之外，没什么优点，康熙也不会考虑他。

皇八子胤禩心机很深，也最热心当皇帝，而且还会笼络人，在兄弟和大臣中间有很多拥趸。本来太子被废，他的呼声最高，但不知道为什么，康熙却很讨厌他，对于群臣拥戴皇八子的现象，深恶痛绝，直言不可能让他继承皇位。因此，皇八子也被踢出局。

皇九子胤禟也有当皇帝的企图，他曾经对自己的亲兵说，他和皇八子以及皇十四子当中，总有一个能当太子，而其中皇十四子胤禵的希望最大。因为在1720年，康熙派兵平定西藏叛乱时，钦点胤禵代替自己出征，并加封为大将军王。而胤禵也很争气，一出征就打了胜仗，回京报捷，不久，又被皇帝派到甘州军营，准备对叛军

进行最后毁灭性打击。

皇十三子胤祥曾经一度是康熙很喜爱的儿子,也是一个文武全才,康熙出巡,几乎每次都带着他,享受到的恩宠要超过其他皇子。胤祥是太子的人,在康熙第一次废太子时,胤祥也受到牵连,从此失宠被冷落,因此,也失去了当太子的可能。

在所有有资格当太子的皇子中,最被忽视的就是皇四子胤禛。他原本也是太子的死党,这种选择与团结在皇八子身边的兄弟们不同,说明他是一个不会吃眼前亏的人,也没有太大的野心。但当太子第二次被废后,胤禛觉得自己要是放过了这次机会,那就永远不会有机会了。

胤禛知道自己的父亲是个精明人,因此,他制定了处理父子、兄弟、朝臣、藩属等关系的策略,改变自己以往在大家心里的喜怒不定形象,博得好感,打下基础。胤禛的活动手段非常隐蔽,在公开场合,他总是说自己对当皇帝没兴趣,在康熙面前,也常常表现得不结党营私,不收礼物。但在私下里,他还是广交党羽,尤其是在朝廷中枢位置上的权臣,都是他拉拢的对象。比如隆科多,就被他攀亲,认为舅舅。

表面看起来,胤禛经营小集团的时间比较短,成员也不多,大员更少,但却非常实用,尤其在关键时刻能派上用场。就这样,胤禛隐忍蛰伏,康熙也越来越喜爱胤禛,基本上只要有什么事,都会交给他去做。等到大臣和众兄弟反应过来时,才惊诧地发现,皇四子才最有可能是皇位继承人。

康熙晚年,面对几个儿子对皇位的虎视眈眈感到心寒,但又担心过早立太子,会引发混乱,所以,只好暗中观察,培养自己属意的人选。在大臣看来,皇十四子受到康熙器重,又被封为大将军王,康熙还亲自写信给蒙古王公,说:"让你们看到皇十四子,就如同看到我一样。"这似乎就是要传位的信号。皇八子等人也为自身利益，积极拥立皇十四子。但康熙却在节骨眼上把皇十四子打发出了京城，也等于宣告他不是即位的人选。所以，综合起来看，皇四子胤禛应该是康熙最属意的对象。

1722年冬，康熙因为打猎感染了风寒，一病不起，连按例举行的祭天仪式都难以举行了，只好派皇四子胤禛代替。这平常只有皇帝才能行使的权力，交给了胤禛，也说明了继位人到底是谁。胤禛出去不久，康熙觉得自己快不行了，又让人赶快传令，让胤禛回来听遗嘱。

等到胤禛赶回来时，康熙已经进入弥留状态，而隆科多和其他几位皇子都在那里等着，看见胤禛回来，隆科多马上宣布胤禛继位的遗嘱。遗嘱一宣读完毕，康熙就死了。于是，胤禛在灵前即位，当上了大清的第四位皇帝。

康熙为什么会选择胤禛继位呢？

分析起来，应该是康熙觉得自己晚年太过宽仁，所以导致吏治腐败。因此，为了大清长久的安宁，需要一位铁腕皇帝来支撑。而胤禛，正是这样一位合格的候选人。

第二节　皇帝不好伺候

1722年农历十一月二十日，雍正登基。

从表面上看，雍正即位，波澜不惊，但其实每一步都惊险无比，其中，哪怕走错一步，都是万劫不复。现在，即使坐在了皇位上，也一样不能安心。因为，不服的人太多了。

首先跳出来的就是胤禔。在他看来，康熙晚年如此信任自己，又是派自己领兵，又是封王，日后即位的肯定是自己，怎么突然就

换成了雍正呢？他一百个不服。他仗着自己掌握了大清十几万精兵，再加上自己又得军心，便吵嚷着说康熙是被人谋害的，大有不承认雍正帝位的企图。

雍正自然也不是那么好欺负的，为了防止胤禵兴兵作乱，他早就命令川陕总督年羹尧控制了西安，防止胤禵的人马进入关中，更不要说进入北京了。而在北京，雍正又命令隆科多带领两万禁军，守住各个城门，同时对几位不怀好意的兄弟进行监视，让他们动弹不得。

就这样，胤禵知道自己虽然有兵，也难以有什么作为，只好把兵马交给其他人，自己一人回来奔丧。见了雍正皇帝后，他还借机撒泼，大闹一阵，最后被雍正训斥一通，直接安排给康熙守灵去了。

雍正知道自己当皇帝支持的人少，但这没什么，自己已经是皇帝了，还在乎什么支持不支持？当皇帝靠的是既成事实，谁见过举手表决，票数多的人当皇帝了？现在他已经在位，掌握着大权，看谁还敢不服气！

八王当初是要争取太子地位的，为此还团结了不少人在他自己周围，和雍正是政敌，发生过不少矛盾。以前动不了他，是实力不够，现在呢？还是不行。不能一上台，就做赶尽杀绝的事，那要天下人怎么看他？于是，雍正决定先提拔八王胤禩，让他担任总理事务大臣，看起来权力大，风光无限，但每天忙得要死，还是什么事也办不成。这样，就给了雍正斥责八王的借口。八王被骂得实在受不了，干脆不管事了。

不管事就安全了吗？当然不是，雍正把一顶朋党的帽子扣到八王的头上。因为康熙最恨朋党，这样，雍正整治八王，就师出有名了。于是，雍正直接革去其王爵，连同九王胤禟一起，改名为"阿其那"和"塞思黑"，然后圈禁起来。

摒除了最大的政敌，雍正就没什么害怕的了，他又可以腾出手来去收拾其余的人了。这个其余的人，就是在他当皇帝过程中，曾经帮过他的人——隆科多。当初，要是没有隆科多传圣旨和带兵守住大门，雍正能不能平安当上皇帝，还真不好说。所以，即位后，他对隆科多恩宠有加。但隆科多屡屡试探雍正的底线，干预官员选拔，飞扬跋扈，最终被雍正猜忌，屡遭打击，被圈禁至死。

雍正干的最具轰动效应的铲除大臣的事件就是年羹尧事件。年羹尧曾经是他非常器重的人，尤其在平定青海的叛乱中，一战成功，为雍正稳定了局势，树立了皇帝的声威。所以雍正在即位初，对年羹尧很宠幸，不断给他加官晋爵。

但年羹尧犯了和隆科多同样的错误，甚至更加严重。几年后，雍正对年羹尧起了疑心，这样一来，年羹尧的好日子就到头了，不但权力被剥夺，职务也被降了，从总督一职降到杭州去当守门人。但雍正并没有打算放过他，年羹尧最终落得个被逼自杀的结局。

雍正为人刻薄好诛心，这个毛病大家都知道，他自己也知道，因此，处置人不留情面，也不是什么大事。但雍正偏偏要显示自己处置人是顺应大家的潮流，不是为自己打算。处置年羹尧后，在抄年羹尧的家时，发现了一批朝中的官员写给年羹尧的信，别的倒还罢了，其中有一位年羹尧的同乡叫钱名世，写了很多吹捧年羹尧的诗句，把他吹捧为朝廷的柱石。这种吹捧在一个人飞黄腾达时，算不了什么，雍正自己还亲自颁发圣旨，褒奖年羹尧是自己的福气，大臣之间吹捧一下，又能怎么样呢？

但雍正不这么看，他觉得钱名世如此吹捧年羹尧，那就是说自己是昏君了，这种人还能留？直接罢官，滚回老家去。不仅如此，雍正还让大臣们一起写诗痛骂钱名世，自己还亲笔写了一块匾，上书"名教罪人"，让钱名世挂在堂屋上，每天思过。

雍正很在意别人对自己的看法,尤其是对自己登上皇位的看法。在雍正看来,自己即位,是天经地义的,怎么还有那么多人叽叽歪歪地说自己得位不正?他本来就是个多疑的人,在有关自己皇位的问题上,就更加多疑,已经到了神经过敏的地步了。

在处置完钱名世的案件后,一个叫查嗣庭的人被委任为主考官,到浙江主持考试。查嗣庭这人,许多人不怎么熟悉,但要说到金庸,相信很多人就很熟悉了,这个查嗣庭就是金庸的叔祖。

查嗣庭本来就是浙江人,又回到故乡主持考试,自然是衣锦还乡。人一得意,就容易放松警惕,查嗣庭也一样,在出试题时,想着只是乡试,没什么大不了的,就直接从书上弄了几句话当考题。在他看来,这些话都是圣人说的,又不是自己说的,有问题也是圣人的问题。但他却忘了,皇帝是不可能去找圣人算账,但找考官算账却是毫不费事的。

果然,查嗣庭监考完回家,与家人庆贺完毕后,上床睡觉,还没睡着,抓他的人就来了。来人也不废话,直接宣读圣旨,说他出考题讽刺皇帝,罪该万死,到牢里等着处理。

查嗣庭半天没明白,就是照书上抄的考题,怎么就是讽刺皇上了?那是两千年前圣人说的,虽然他们是圣人,但也不知道你雍正会当皇帝啊,怎么就是讽刺你了?

雍正说:"你的考题'正大而天地之情可见矣'和'百室盈止妇子宁止'中,前面有'正',就是我雍正的年号,这很好,但后面又有'止'字,直接把雍正去了头,你什么心思?要砍我的头吗?"原来其中寓意与汪景祺《历代年号论》中的"正"有"一止之象"暗合。查嗣庭被判凌迟处死,结案时已死于狱中。雍正命人砍下他的头,又把其家人发配边疆。

从雍正处置的这些案件来看,有的案件双方都难说谁完全对,谁完全错，但从最后的结果来看，对雍正的名声有很大的影响。而对他名声影响更大的，是他一系列得罪权贵和士绅的改革。

第三节 铁血改革

康熙晚年，大清官场的贪污现象已经非常严重，雍正曾经被康熙委以清欠国库亏空的重任，雍正手段雷霆，追缴欠款连皇亲国戚都不放过，弄得大家怨声载道。现在自己当了皇帝可以自己做主了，他更不会放过那些贪官了。

以前朝廷各部动用钱粮，事后都是自己负责核销，这就给营私舞弊开了大门。雍正觉得你们自己花钱自己报销，哪有这样的好事？不行！于是他下令成立了会考府，专门负责核查钱粮。这样一来，就堵死了营私舞弊之路。

查完中央各部，雍正又开始查地方的亏空。对于地方官员的贪污，雍正历来深恶痛绝，所以在查办地方官员的贪污问题上，他绝不手软，不仅选派官员清查，查出来后，还责令负责的官员赔偿，赔不出来，就抄家。哪怕官员畏罪自杀，也一样不放过。每每弄得一些地方官员家里鸡飞狗跳，直接变成了穷人。雍正要的就是这个效果，直言说官员敢贪污，就让他家几辈子受穷还债。所以雍正就落了个抄家皇帝的"美誉"。

正是因为雍正铁腕肃贪，所以成效非常大，原本空空如也的国库，只几年的时间，就达到了五千万两白银。

在清查国库欠账的同时，雍正还对一些制度进行了改革，其中贱籍制度的改革，影响最大。

贱籍制度不是大清所创，而是继承了前朝；更确切地说，是从元灭宋时，就形成的制度。因为元朝把中国境内的人分成好几等，

在那时，就形成了贱籍制度。随着时间的推移，贱籍制度所形成的户籍人口越来越多，这些人包括浙江惰民、陕西乐籍、北京乐户、广东疍户，这些贱籍制度下的人，从事的是最低等的工作，而且干了哪一行，就只能一辈子干哪一行，不能转行，只能传给子孙。这就等于给人打上了标签，子子孙孙都没有翻身的可能。雍正决定在全国范围内废除贱籍制度。

几百年的弊端，雍正说废就废，直接让礼部给各地下达指令，给全国的贱民上户口，让他们具有了大清国民的身份。

大清官场陋规很多，这也是造成官吏贪污腐败的根源之一。雍正认识到这一点后，就决心动刀子，在这方面进行改革。养廉银就是在这个背景下问世的。

官场送礼是亘古不变的游戏规则，尤其是大清官员的俸禄低。因此，官吏贪污给上级送礼，就成了官员的收入来源之一，而且是主要来源之一。官员们为了贪污，总是变着花样把一些办公的损失嫁祸到百姓身上，以便榨取更多的钱财。雍正为了革除这一弊病，实行了耗羡归公制度和养廉银制度，规定在收纳赋税时出现的损耗，由国家买单，而买单的方式就是向各级官员发放养廉银，即上缴的赋税越多，发放的养廉银也就越多。

作为皇帝，雍正知道自己的官员都不是圣人，也当不了圣人，当官的目的，无非是为了发财。那么要发财，就大大方方地拿自己应该得到的那部分，不要偷偷摸摸的。这就是雍正实施养廉银的目的。

赋税制度是一个国家的根本制度，康熙当政时，为了鼓励生产，实行了永不加赋的制度，这个方法为康熙迎来了赞誉，但对继任者却不是一个好消息。因为以前的赋税制度和人口数目有很大的关系，家里有几个人，就要交几个人的税。现在赋税数目固定了,老百姓没负担了,大家都愿意生孩子了,人口多了,赋税无法增加,国家的压力就越来越大了。

怎么办?难道把康熙定下的规定废除了?那肯定不可能。雍正本来政敌就多,要是废除先帝的政策,那就给政敌以反对的依据了,再把民怨掀起来,皇位就肯定不稳了。

在明朝时期,为了体现对读书人的重视,国家规定考中秀才后,可以免除家里一人的赋税。清朝建立后,又延续了这个政策,同时还有所扩大,基本上只要一家有人读书中了秀才和举人后,就不用交或者少交赋税了。读书人有了这个护身符,就想着法进行舞弊,有的还出卖身份,帮助别人免除赋税。雍正觉得这条法令要改改。于是他做出规定,读书人中了秀才后,只免除本人的赋税,其他亲属人等照交,这就是"士民一体当差制度"。

这个政策一出,天下读书人不干了,觉得这是有辱斯文,就开始酝酿反抗。读书人有什么能力反抗?造反吗?连鸡都杀不了,还敢杀人?但读书人有读书人的办法,那就是罢考。国家的科考制度是根本制度,除了进士考试,各级考试几乎每年都有。因此对这一政策不满的读书人,就决定罢考。

读书人不参加考试,这可是大事。地方官员连忙上报给雍正,说他实行的士民一体当差制度,惹得读书人都不参加考试了,那以后还哪里去找进士当官?雍正说这样的小事都管不了?没用!他马上撤了几个官员的职务,然后又下令抓了几个为首闹事的读书人。大家一看皇帝来真的了,马上乖乖去参加考试。

在雍正时期,少数民族事务管理一直是一件大事。在西南边疆地区生活着众多的少数民族,一直以来,清政府都不怎么重视,为了管理方便,实行的是土司制度,即由少数民族的头领管理本民族的事务,只要不造反、不惹事,就没人找你麻烦。但几十年过去

了,土司权力越来越大,开始不服管束了。各个部落之间经常发生打斗,严重影响了地方稳定。因此,雍正决定改变这一行政制度,即废除土司,实行流官管理。

实施改土归流,重新划给了管辖权,土司的势力被削弱,加强了政府的权力。这一举措,使得原本属于土司私人财产的普通少数民族士民,成了国家制度保护下的居民,减轻了他们的负担,而且普通士民还可以通过参加科举考试,改变自己的命运。因此,普通士民非常拥护这一政策。

雍正是一个很勤勉的皇帝,什么事都要管,但皇帝深居皇宫,与外界没有什么联系,这样如何能管事呢?于是,雍正就建立了密折制度。这个制度很简单,就是鼓励官员秘密给自己打小报告,报告其他官员的一些不法事件以及汇报民间动向等。

雍正很重视密折制度,不仅把这作为奖励官员的手段之一,还做了种种的规定,如打造专门的箱锁,使得密折内容只有写的人和雍正本人能看到;密折由地方官直接送到宫中,不用按照规定层层送达。为了让官员畅所欲言,雍正还规定密折内容不要拘泥于官样文章,直接说事,不要啰唆。

雍正推行密折制度,把百官掌控在自己手中,加强了对他们的控制和监督。

看有关清朝的影视剧,军机处是最常见的一个机构,这个机构也是雍正建立起来的。雍正做事勤勉,什么事都要自己管。但他毕竟是人不是机器,要管那么多事,也累得慌。为此,他决定找几个人帮忙。当然,不是帮自己处理和决断,而是做一些辅助工作,如答复诏书。

古时候皇帝写一封诏书是很累人的,因此,雍正就把这事交给军机大臣去做了。在决断国家大事时,遇到一些事情,皇帝也不知情,不知道该怎么处理,就需要找个明白人问一问,参谋一下,这些事也由军机大臣担任。但是雍正是一个工作狂,设立军机处,不是分权,而是一个备询机关。所以军机大臣看起来很显赫,其实也就是一个秘书性的工作,大臣没有半点权力,而且还累得要死,早上三点就要赶到军机处上班,等着跟皇帝碰面。但这个工作有个好处,就是离皇帝近,很容易受到皇帝的奖励。所以大清官员最大的愿望之一就是当军机大臣。

第四节 为自己辩护

雍正是大清皇帝当中的一个异类,不仅工作努力勤奋,而且还有一颗"婆婆心"。当然这不是说他对自己的兄弟以及大臣,而是对反对他的平民百姓。

雍正登基后,几乎没过一天安稳日子,兴利除弊占去了他大半的时间。按道理说,他这样忙得要死,又处处为百姓着想的皇帝,应该得到全民的拥戴了。可事实却不是这样的,讨厌雍正的大有人在。

雍正的那些兄弟们讨厌他,因为他戳破了他们对帝位的奢望;那些大臣们讨厌他,因为雍正管他们太紧,几乎没有贪腐的可能,还必须得每天加班工作,就这样辛苦,可一旦有错还是会被抄家,辛苦积攒的财富,全成国家的了;读书人就更不用说了,尤其是那些成绩上不去、下不来的读书人,本想以此混个比上不足、比下有余的温饱生活,但雍正的士民一体当差的决定,又让这些读书人斯文扫地。这样雍正就成了吐槽的对象。而得到雍正改革红利的普通人,因为大多没有文化,无法表达自己的感激之情,再加上没有话语权,所以只能跟着那些受害者人云亦云,久而久之,雍正就落

得了一个"刻薄皇帝"的名声。

如果仅仅只是骂雍正刻薄,他可能还不在意,但在他当政期间,发生的一件事,让他开始思考,只顾低头干活是不行的,也应该大力宣传一下自己。否则就是皇帝,一样要背锅。

事情是这样的,在湖南乡下有一个不得志的秀才叫曾静,因为一直不能再进一步,所以只能靠教书为业。对于一般的读书人而言,如果科举不中,就会对考试科目产生厌烦,失去兴趣,转而去看其他方面的书。在那个时代,闲书很少,要看就只能看禁书了。偏偏这个曾静就看了禁书,而且是宣扬华夷之辨的禁书。写书的人是吕留良,是明末清初人,生前倒没什么大名气,值得人称道的就是有一股民族气节,不当清朝的顺民,出家当了和尚。

按理说,当和尚就应该不再管人间事了,管什么明朝还是清朝。但吕留良对大明被满人所灭,就是不服气,总想着汉人能夺回江山就好。他一个读书的和尚,又不能造反,只好想着如何煽动别人造反。于是,就写下了一系列的反映汉人优先言论的书籍,希望更多的汉人看到,能激起反抗之心,把满人赶出去,重新恢复汉家天下。

吕留良的书写成了,但在当时,这类书不可能公开发行,所以,只在小范围内流传,这反而成就了他的名声。曾静读了他的书后,觉得老先生说得太对了,于是,就四处收集吕留良的书籍,还特地跑到吕留良的老家,去收集他的原版手稿。就这样,曾静就成了吕留良最忠诚的信徒,并且在湖南传播吕留良的思想。

日子久了,曾静觉得这样讲授吕留良的思想没什么意义,应该干出一番事业来,这才能让吕留良的思想有意义。于是,他开始琢磨如何推翻大清的统治这件大事。

怎么推翻大清的统治呢?曾静知道这事不是秀才能干得成

的,更何况自己还是一个老秀才,杀鸡都不行,更不要说杀人了。既然自己杀不了人,就应该找一个有能耐杀人的人。这个人是谁?曾静看上了当时的川陕总督岳钟琪。

当时的岳钟琪已经接替了年羹尧的职务,成为一方大员,这在汉人当中,尤其是武将当中,已经是最高职务了。而且川陕地区是全国用兵的前线地带,所以,川陕总督不仅管民,还管兵。这要是能说动岳钟琪造反,那就等于千军万马在造反了。再加上自己在各地鼓动,造反还有不成功的?

但是,岳钟琪现在是位极人臣了,如果找不到合适的理由,他能造反吗?其实这是废话,依照岳钟琪的性格,你就是给他找到了合适的理由,他也不会造反。曾静想破了脑袋,觉得华夷之辨是个好理由,再一想,岳钟琪姓岳,南宋的抗金英雄岳飞,也是姓岳,那无疑,岳飞就是岳钟琪的祖宗了。当年祖宗是抗金英雄,这金就是现在清人的祖宗,怎么会有祖宗打架,后代反而做敌人臣子的道理呢?

这岳钟琪也确实是岳飞的后代。曾静为岳钟琪找了个祖宗,又觉得以岳钟琪的为人,应该能接受自己的主张。于是,就写了一封信,派自己的弟子张熙亲自到成都去策反岳钟琪。

酸秀才考试不行,写一封鼓动人造反的信,那水平不是吹的。在写给岳钟琪的信中,曾静大义凛然地给岳钟琪总督上了一堂有关民族大义的政治课。还说:"你的祖宗是岳飞,你作为岳飞的后人,怎么能认贼作父?你应该挑起造反的大旗,不仅要为宋、明复仇,还要为祖宗复仇。"

1728年,川陕总督岳钟琪正坐在大轿里回总督衙门时,突然有人闯进了总督仪仗队,说有书信要交给岳总督。这封信,就是曾静派自己的学生张熙送给岳钟琪的一封劝其造反的信。

岳钟琪看了这封信后,差点没吓死。心想自己好歹是封疆大吏,好好的日子不过,要去跟随这不知哪里蹦出来的野人去造反,有病啊!

岳钟琪也不废话,直接让人把张熙关进大牢,往死里打,非要他说出幕后的主使不可,然后马上向雍正汇报思想,表明自己与此事无关。

雍正接到这样一件离奇的案子,不觉得恼火,反而觉得兴奋,马上指示岳钟琪要尽快破案,找出幕后集团。他还担心岳钟琪是个武夫,干不了这样机密的案子,就发下一封长长的谕旨,教岳钟琪怎么审犯人。

其实,雍正是多此一举,对付这种书呆子,不用岳钟琪多想,就有法子让张熙开口。在用了一番重刑之后,张熙还是不开口,岳钟琪就换了一副面孔,假意说:"我这一顿痛打,一是做给别人看的,二是试一试你送信人的诚意。现在我知道你是条汉子了,也决定按照你的书信上说的,举兵反清。那你就告诉我,幕后的人是谁,我们好谈谈怎么造反吧。"

张熙是比曾静更呆的书呆子,被岳钟琪这一番话给哄住了,马上就把幕后指使人曾静给供了出来。对于谋反,大清官府的效率一向是很高的,马上,湖南就得了通报,抓曾静。

等到曾静被带到官府询问,这个平日里慷慨激昂,激励大家为反清大业抛头颅的穷酸秀才,第一个想法就是赶紧保住自己的头颅要紧。于是,他跪在那里,把自己怎样中了吕留良书籍的毒,怎么就鬼迷心窍想造反的想法都说了。末了,就向官府表决心说这不是他的错,都是吕留良的书太害人。

湖南地方政府审来审去,审不出什么名堂,觉得一个糟老头子,不值得大动干戈,就矛盾上缴,向雍正进行汇报。

雍正一看，弄来弄去，就是两个穷秀才？而且他们住在乡下，又怎么知道宫廷秘事呢？看来，这些官员做事不行，那么就让他来亲自审问吧。

曾静被押到北京，雍正亲自当主审官，对曾静进行了仔细的审问。曾静这辈子第一次见到皇帝，又见雍正不像地方官员那样气势汹汹，就说自己是在街上遇到从京城发配的一些犯人，听他们聊天时说的。

一件天大的案子，最后竟然得到这么个结果，雍正觉得太没意思了。他想自己每天起得比鸡早，干得比牛多，却得不到天下的承认，这皇帝当得也太憋屈了。不行，他要让天下人都知道他是怎么干活的，也要让天下人明白，当皇帝是很辛苦的。

于是，雍正就把曾静等人的口供、自己的批示，以及当皇帝的前因后果都写下来，还把市面上流传的一些谣言也写下来，进行逐条辩驳，并把这些编成一本书，叫《大义觉迷录》，通令天下发行，一定要让天下人相信自己是个好皇帝。同时，犯有谋逆大罪的曾静和张熙也不杀了，让两人当活教材，在政府官员的带领下，到全国进行巡回宣讲。讲的内容只有一个，那就是皇帝是好皇帝，那些想争当皇帝的皇亲国戚，都是混蛋。

雍正想借这件事，为自己正名，却没想到他要批驳谣言，就不得不把事情的前因后果都写出来，捕风捉影成了白纸黑字。本来老百姓没事就缺少谈资，这下有料了。对于曾静和张熙的正面宣传，没多少人关注，但对于这本《大义觉迷录》却看得津津有味，而且还对同一件事有不同的理解，使得大清宫廷的秘事，弄得天下皆知，严肃的皇室成了人们的笑料。

对曾静和张熙，雍正可以放过，但对死去的吕留良，雍正就没有什么菩萨心了。吕留良已死，死了也不行，直接把坟给刨了，开

棺戮尸,活着的家属,杀头的杀头,发配的发配。不仅如此,雍正还把大清所有要参加科举考试的读书人召集在一起,让他们对自己处理吕留良的事件进行表态,还非常温和地说:"想说什么就说什么,有不同的意见也可以,告诉我就行。"读书人也不是傻子,见雍正连死人都不放过,自己要是说了什么不同意见,那就只能跟死人去做伴了。于是大家都表态,吕留良该死!皇上怎么处置都不为过。

雍正就是要用恶的一手来警告天下,自己才是说了算的人物。

第五节 最离奇的驾崩

雍正在位期间,干什么事都轰轰烈烈,许多人都以为他会这样折腾很长时间,但奇怪的是,在即位十三年后,雍正突然就死了。

说雍正是突然死亡,是因为在此前,毫无征兆。如果说皇太极死亡也是毫无征兆的话,那时是在关外,一切条件都相对简陋。现在时代不同了,皇帝住在紫禁城里,有专门的太医伺候着,虽然那时的医疗水平不怎么样,但看一个皇帝有病没病,应该还是差不离的,怎么着也不会出现皇帝第二天要死,前一天太医们还不知道皇帝有什么病的情况。

从清档案馆的记载看,对雍正死前三天的记录非常简单,第一天感觉不舒服,但还是正常上班;第二天不舒服加重,但还是在上班;第三天,情况不妙,半夜就死了。到底得了什么病,什么原因而死?都没有记载。而且当时人对于乾隆即位的记载,也很有意思,说顾命大臣鄂尔泰深夜从圆明园到皇宫传旨让乾隆即位,慌张之中没有马,只好骑了一匹骡子,结果慌乱间,被骡子踢了一脚,腿上鲜血直流。这难免让人产生联想,如果雍正是正常死亡,有必要这么慌张吗？更离奇的是乾隆登基所发的诏书，上面写着"今忽遭大故，龙驭上宾"——这里的忽遭大故，就是突然死亡的意思，但突然死亡的含义很多，可以说是暴病而亡，也可以说是遇刺而死。因此，雍正的死，就显得迷雾重重了，并衍生出诸多离奇的说法。

雍正在处理吕留良文字案时，对吕留良一家是深恶痛绝的，处罚也是最重的，因此，人们就很容易把雍正的死和吕家的遭遇联系起来，并因此杜撰了一位吕家的后人叫吕四娘，当初是清军抄家时的漏网之鱼，几年后学成武艺，成为一代武侠高手，并借机潜入皇宫，成功杀死雍正，并割下他的头颅去祭奠死去的先人。

这种说法是市井之人最喜欢的，并且传得煞有介事。稍有常识的人都知道，只凭武功想混入紫禁城，完成刺杀皇帝的大业，就是一件不可能完成的任务，更何况还是一位女人。

还有一种荒诞无稽的说法就是与曹雪芹有关。因为雍正对官员狠，抓到贪官污吏，就勒令退赔，赔不起，就抄家。而曹家祖上以前是康熙的警卫员，又当过江宁织造这样肥得流油的官，家底殷实，连康熙皇帝巡游江南，都是住在曹家。但官员巨富，一般都不是正当得来的财富，这是用脚趾头都能想到的。所以康熙一死，雍正就开始查账，一查，曹家贪污事实成立，对不起，抄家。结果，曹家从巨富一夜之间变成赤贫。这种境遇搁谁身上，谁不恨？于是曹雪芹就要报仇，并借机混进了皇宫，毒杀了雍正。这种说法从开始就是当笑话看，多半连编这个故事的人都不相信。

雍正活着的时候，怎么当皇帝的，是个谜，到现在死了，还是让人摸不着头脑。如果排除刺杀和毒杀说，那只能死于皇帝们大都热衷的事业——炼丹当神仙了。

雍正皇帝给人的印象是好佛，在当皇子时，就号称居士，也就是在家里修行的人。佛教是大清皇室的家庭宗教，也可以说是国

教,从顺治时候起,大清皇帝就对佛教感兴趣,顺治闹着要出家,康熙也在看了八百罗汉图后说,自己是西天的罗汉,怎么到了人间当皇帝呢?雍正一当皇帝,虽然依旧喜爱佛教,但内心又将道教纳入了爱好。

为什么?因为崇信道教可以成神仙,当不了神仙,也可以长生不老,不能长生不老,也可以长寿。当了帝王却短命,那有什么意思?既然生死由天,而道教又号称跟天的关系更密切,那就信道吧。

雍正信道,按照他的性格,很快就付诸行动,于是他让大臣给他推荐有道之士。很快,雍正的宠臣田文镜就找到了一位本领高超的道士贾士芳。雍正和这位贾道士一聊,觉得很投机,而且,这位贾道士还懂医术,雍正有什么毛病,是手到病除。因此,雍正很宠幸他,有空就和他一起聊天,请教怎么当神仙,怎么长生不老。

两人的黄金蜜月期不长,两个月后,雍正就找碴处死了贾士芳,原因就是这道士手段高超,为皇帝治病不彻底,总要留一手,让雍正好不利索。目的无非是让自己成为皇帝离不开的人。雍正是一个非常自主的人,哪里能容下他,别说是假道士了,就是真神仙,也要除掉。

贾士芳被杀后,雍正又找了一位道士。这位道士接受了教训,不敢说自己会治病,说自己能炼丹,炼好了丹,不但可以当神仙,还能长生不老,还在乎什么治病不治病?雍正觉得有理,就让这位在宫里炼丹。

炼丹是个技术活,花费也大,但皇帝有钱,自然不在乎花费,而在乎的是炼不炼得成。舍得花钱,炼丹自然也不是什么难事。再说了,皇帝亲自参与的事,还能有什么丹炼不成。结果,丹炼成了,雍正也成了"小白鼠",直接把它吞进了肚子里。

丹这玩意,主要的成分就是水银和铅,这两种东西都有毒,吃进肚子里,又不容易排出,日子长了,不知不觉就会中毒,因此,最后暴死,也不难解释了。

虽然雍正到底是怎么死的,还没有定论,但死于丹中毒的说法,却得到了越来越多的证据指证。

雍正活着的时候,就有很多故事流传,而他在位期间,所采取的经济和政治措施,促进了大清王朝的发展,到死后,还能留下无数的谜让人去猜想。应该说,雍正的一生,还是很精彩的。

第六章

好运皇帝
——干什么什么成

乾隆皇帝弘历是大清最具吸引力和传奇色彩的皇帝，作为一个承平守成的皇帝，乾隆继承的帝国，要比其父优越得多，而大清持续上升的势态，又得力于乾隆皇帝的助推。可以说，是内外形势再加上他的个人资质，造就了乾隆这一代杰出的帝王。

第一节 为当皇帝而生

乾隆皇帝是大清命最好的皇帝,甚至可以说是中国所有帝王中命最好的皇帝。从乾隆的出身来看,虽然其父雍正是皇子,又是亲王,但古时讲出身高贵不仅仅"拼爹",还要"拼妈",也就是母亲身份要高贵。在中国的传统宫廷文化当中,母以子贵;但在儿子还没当上皇帝之前,那就是子以母贵。母亲身份高贵,儿子就跟着光鲜。这也无可厚非,皇帝身边的女人太多,大臣们都是戴着有色眼镜,怎么会顾及身份不高的女人给皇帝生的孩子呢?

因此在母系这一边,乾隆先天不足。他的母亲是四品典仪官的女儿,在十三岁的时候,以秀女身份参加选秀,没选到康熙身边,而是分到了雍亲王那里,当一个低阶妾。康熙年间,雍亲王得病十分严重,王妃就命令她去伺候,她照顾得很周到,让雍亲王很高兴,与她生下了乾隆。雍正登基后,将她封为熹妃。

从出身来看,乾隆不占便宜,而且在皇位继承上看,落后一步,就处处落后了。但乾隆命好就好在他兄弟不多,他是十兄弟当中的老四,而最后活到成年的只有四个,排在他前面的只有一个三哥弘时,而且无论从哪方面看,都不能与他相比。在得宠方面,其他几个兄弟也完全比不上他。不仅雍正喜爱他,康熙更是对其赞不绝口,在乾隆很小时,就把他带进宫里,亲自进行教导。所以在皇位继承方面,乾隆就是一个领跑者。

中国两千多年的帝王时代,少有帝王即位是平稳过渡的,但乾隆皇帝却是顺顺当当,没有任何争议。在雍正生前,乾隆继承帝位的事即使没有公开,朝臣也都认为乾隆在这方面没有对手。

在皇帝身边受教育,自然是得天独厚,也能收获更多的政治资

源,小孩子天性活泼,无论做什么事,都展现出可爱的一面,很容易得到年老的康熙的赞扬。而在天子家里,这种看起来很平常的小事,就能成为日后当皇帝的筹码。因为皇帝的话语可不是一般的说说而已,那是要记录下来的。尤其是康熙还亲口说过弘历将来福分大,甚至会超过自己。这还了得?超过皇帝,那只能是皇帝了。

雍正经历了康熙皇帝两次废太子的风波,那种兄弟几个打破头抢皇位的事,给他刺激很大,觉得不能让这种事再发生。于是,就建立了秘密立储制度。就是皇帝生前不指定继承人,所有皇子大家平等竞争,皇帝暗中进行考察,然后把自己属意的继承人写下来,放进一个小匣子里,藏在大殿上悬挂的正大光明匾后面。等到皇帝驾崩的那一天,大臣和所有皇子一起,把小匣子取下来,打开,拿出圣旨,当众宣读,写的是谁,就该谁当皇帝,谁也不许争。这主意看起来很公道,但是在一个人说了算的制度下,其实就是增加了一点神秘而已。

有了这样一位好儿子,雍正当然欢喜。所以,在雍正确立秘密立储的当年,也就是即位的第一年,他就按捺不住兴奋,对大臣说自己已经将继承人确定了,名字已经写在匣子里,放在了那块牌匾的后面。

雍正想卖关子,但大臣都是人精,不用他说,就知道未来的皇帝就是乾隆。而这时,乾隆才只有十二岁。

作为未来的皇位继承人,一般都要韬光养晦,安安静静地等着上位的那一天。但是,乾隆却表现得很积极。这一方面是性格使然,一方面是大清培养皇子的制度造成的。因为大清不像明朝那样,对家人防范很严,这样对待皇子,一旦皇室出事,就没几个人能出来担当了。康熙熟读历史,一直都说明朝那么多皇亲,连猪都比不上。所以，他在教育皇室子弟方面都是让他们干事。

乾隆也一样，小小年纪就开始参与政事。他遇到的第一件要出头的事就是年羹尧事件。在处理年羹尧时，雍正的态度就是赶尽杀绝，不到最后时刻，决不收兵。而乾隆却认为这样做太刻薄。于是，他也不怕惹雍正生气，上书为年羹尧求情，请求免他一死，顺便还对雍正的抄家方针提出了意见。

谁都知道雍正是个刻薄皇帝，决定的事，一般不会轻易改变，尤其在处理年羹尧这件事上。乾隆这个时候提反对意见，那就是把自己放在火炉上烤，只要雍正一生气，大臣们就会跟着转向。反正雍正还有儿子，想当皇帝的也不差乾隆一人。

雍正虽然没有改变自己对年羹尧的处理意见，也没有放弃抄家政策，但对于乾隆的上书，也没有当反面教材去批评，相反，还专门下诏赞扬乾隆有仁义。

这下，大臣们越发坚定了乾隆日后就是皇帝的继承人。

乾隆还是具备当皇帝的政治眼光的。雍正改革最重要的一个举措就是改土归流。面对这一事关王朝安稳的举措，雍正开始时决心很大，但遭遇到的反抗也是巨大的，南方各地土司纷纷反抗，一时间，狼烟四起。

面对着乱成一团粥的局势，向来强硬的雍正软了下来，觉得自己性子太急，听信了大臣们的一面之词，结果把事情搞砸了。因此，想停止这项政策。而乾隆认为改土归流政策决不能停止，现在土司的叛乱没什么了不起，派兵去打就是了，如果停止这项政策，那才是大清麻烦的开始。由此可见，乾隆在还没即位时，就已经具备了一定的帝王眼光和能力。

新皇帝上台，有新皇帝的思路，乾隆也一样。首先，要想办法挽救父亲雍正的刻薄名声，因此，他下令把与父亲争皇位时还活着

的叔叔给放了。其次,就是给官员增加工资,让官员从雍正的高压下缓一口气,当然,也会更感激他这位新天子了。

虽然与雍正比,乾隆显得宽厚,但他也有严苛的一面,对于贪官,他毫不手软,对于民间信仰,如崇信佛道,也管得很严,总之,乾隆一上台,完全和雍正时期不一样。

第二节　名臣是这样炼成的

乾隆登基是众望所归,也没遇到什么麻烦,所以皇位做得稳。但对于皇位来得太顺的人来说,如果不干出几件大事,那在群臣的心中,就得不到尊重,或许要不了几年,大家就不拿你当回事了。这点是乾隆不愿意看到的。

大清到现在,当皇帝最久的就是康熙,六十年的皇帝生涯,应该说是成功的,所以,也留下了很多有能耐的大臣。雍正当政时间太短,又是一个喜欢发号施令的人,通常都是有什么事让你去干还不行,还要指导你怎么干。所以谁当他手下,都无所谓。这样一来,留给乾隆的一些大臣,基本上都是从康熙起就开始混的,又经历了雍正的折磨,基本上都成精了。这些人就一个念头,跟着乾隆混,你要怎样就怎样。

乾隆不是一个守成皇帝,他总想着要开辟一个盛世,因此,这样的官僚,他是不喜欢的,总想找机会组建自己的人马。但皇帝虽然至高无上,平白无故地撤换大臣,那也是自寻烦恼。所以乾隆采取了一种聪明的做法,在实践中发现人才,提拔人才。

乾隆面对的第一场考验,就是雍正实施改土归流留下的烂摊子,这一政策实施有其必要性,但一定要讲策略。而雍正是个急性子,恨不得今天发布命令,明天就看到效果,结果一下子在整个南疆地区激起了土司的反抗，贵州、广西、湖南，只要有苗人土司的地方，就有战乱的鼓声。

面对这一境况，乾隆毫不退缩，直言要用刀把子解决问题。于是一批主张讲和的大臣上了黑名单，被踢出局，而主战的大臣，则成了皇帝的心腹。

但主战不能嘴巴上喊得过瘾，得拿出行动来，云贵总督张广泗是兵油子，打苗人自然不在话下，在乾隆的支持下，他三下五除二就赢得了这场战争，让改土归流的争议彻底画上了句号。

乾隆一炮打响，还有了自己能用的武将，心里自然高兴。但没高兴多久，西南四川和西藏交界的大小金川，又发生了叛乱。这次乾隆照方抓药，又派张广泗和自己小时候的玩伴纳亲出马。原指望依靠张广泗的勇猛和纳亲的机智，能快速把这一仗打下来，好让自己安心治国。没想到张广泗这个兵油子看不上纳亲这个书生，处处和他作对，想着既然你是统帅，那你就做主打吧，不行了，我再出手，到时，功劳就归我了。

打仗，是生死存亡的大事，两个主帅却还有心思斗心眼，这仗自然就打不赢了。更让乾隆恼怒的是，仗打输了，纳亲和张广泗还难得地结盟，一起骗自己。查明真相后，乾隆砍下了两人的脑袋。

杀掉了无能的主帅，面子还得找回来。于是，乾隆时期第一能干的人——傅恒上位了。

傅恒是乾隆皇后的弟弟，为了避免自己被套上用外戚的名声，乾隆明知道自己小舅子的本领大，却找不到借口使用。现在，大小金川出事了，名将张广泗败了，再也找不到能打仗的人，就顺理成章地派小舅子出马了。

人才就是人才，傅恒一出马，马上就解决了问题，不仅战役获胜，还使得清政府加强了对大小金川的控制，与当地土司对话时，

有了本钱。虽然在今后的岁月里，大小金川的问题没能彻底解决，但大清始终占据主导地位，这应该说是傅恒的功劳。乾隆皇帝找到了一位人才，当然高兴，又是自己的小舅子，用起来也得心应手。于是，傅恒年纪轻轻，就入了军机处，成为宰相一级的人物。

在大清的历史人物当中，传说最多，也最得人喜爱的就是绰号"刘罗锅"的刘墉。有时候，民间给人起绰号很无厘头，因为刘墉无论从哪方面看，都不能是罗锅。首先，他家境很好，出生权贵之家，父亲刘统勋是被雍正看好的重臣，不缺吃、不缺穿，以至于后来写家谱时，直接跳过了童年，从最得意的时候写起。这样环境下长大的人，能是罗锅吗？再说大清官员选拔，很讲外貌，真是罗锅，肯定无法当官。所以，刘墉怎么就被当成了罗锅，就是一个谜了。

刘墉出名很早，也是正牌进士出身，由于有父亲的名声，所以不像别的进士那样，要当官必须后补，他直接就外派到地方去做官。几年下来，名声还不错，引起了乾隆的注意。于是，被提拔当了地方大员，在湖南当巡抚。

巡抚属于封疆大吏一级的官员，再加上湖南那地方一直不怎么太平，所以，刘墉一到任，就面临着考验。但金子总会发光，尤其在面对困境时，人才内部的创造力就很容易被激发出来，刘墉在任上，无论是民政还是平叛，都干得得心应手，再加上还顺便拍乾隆的马屁，终于在1782年，被调入北京，成为一名京官。

成为京官后，刘墉的才干似乎被磨灭了，几乎没干出什么像样的成绩，最多就是为肃贪添了几把火，抓了几名贪官而已。但政绩不畅，不影响仕途，刘墉依然一路高升，成为军机大臣。

从刘墉的成长轨迹看，他更多的是表现出一种官场智慧，当官的名声不错，但大的政绩几乎没有。老百姓喜欢这个人物，或许只是寄托一种理想。

乾隆对自己提拔的人青睐有加，自然对老一辈的官僚就没那么客气了。但皇帝的脾气很怪，不想用你，却不想背骂名，还需要你自己认错。这种修理人的手法，的确就是折磨人了。很不幸，大学士张廷玉就中招了。

张廷玉在康熙时期，就是高官，在雍正时期，成了军机大臣，那个活，完全就是折磨人的，也亏得张廷玉熬了过来，还得到雍正的高度赞扬。等到再伺候乾隆，张廷玉发现乾隆精力更旺盛，自己应该是难以承受了，于是决定退休。

张廷玉向乾隆提出退休申请后，乾隆却不怎么高兴，想着自己才即位不久，大学士就要离开，别人会怎么看自己？年纪大了，就不能当官了？于是下令不准，事可以少做，但官必须当。但皇帝的事能有少的吗？张廷玉干了些日子，觉得还是不行，又提出退休。

没想到，乾隆还是不答应，说："你是国家重臣，怎么能提出退休呢？应该鞠躬尽瘁，而且我们皇家已经把你看成是自己人了，你百年之后要放在我们家的祠堂里，接受祭拜的，你走了，到时牌位放哪？"

没想到，张廷玉虽然在乎牌位，但更在乎活命，想着牌位的事跑不了，那是雍正答应的，但总没有现在多活几年快活吧？于是就跟乾隆进行辩论，谈古论今，说退休是必要的。

这么一来，乾隆的面子挂不住了，皇帝说不过，就要动蛮，但又不好做得那么明显，只好让群臣来评理。交锋几个回合后，乾隆只好答应其退休请求。

张廷玉得胜，又神气了，有些小看皇帝，马上提出要求，让皇帝给自己写个保证，保证自己死后牌位能进入贤良祠。在乾隆答应后，张廷玉竟然忘记亲自去谢恩，只让儿子去敷衍了事。

乾隆等的就是这个机会，马上训斥张廷玉不懂礼数，过于狂

妄,然后下令,以前给张廷玉的待遇全部撤销,让他成为一个待罪之人,天天接受朝廷大臣的批判。弄得一个老头子,每天早晨起来,就想怎么写检讨,那日子过得是苦不堪言。

最后,乾隆总算放过了张廷玉,让他回老家养老,但隔三岔五就派人去训斥他,还动不动就罚款。有一次还把他的儿子与反清事件联系在一起,弄得张廷玉每天胆战心惊,生怕哪一天乾隆就让自己自尽谢罪。

在这种担惊受怕的日子里,张廷玉还是活到了八十多岁才去世,接到张廷玉的死讯,乾隆又不知道为什么发了善心,把张廷玉的牌位又放进了贤良祠。张廷玉生前已经完全放弃了这个梦想,没想到自己死后,乾隆又满足了自己这个愿望。看来,乾隆的心思还真是难以捉摸,不过说到底就是不想让他生前如愿。

帝王整治人,就是如此,给你画一个大饼,就是不让你轻易得到,逼着你每天干活,直到皇帝厌烦了为止。乾隆时代的名臣,就是在这样的环境下炼成的。

第三节　文治武功

乾隆皇帝组建了自己的班子,剩下的事,就是要好好干一场了。作为皇帝,乾隆一直很自负,再加上登基顺利,使得他认为自己拥有这么好的条件,必定能让大清走上极盛之路。

经过几年的励精图治,乾隆时期的经济有了很大发展,农业国家只要讲点节约,政策对头,再加上风调雨顺,很容易起到作用。乾隆的运气好,执政几年,都没有遇到什么大的灾害,所以经济一下子就有了起色,国库也充实了。

有了钱,乾隆的腰杆子也就硬了,有谁敢来挑战皇帝的权威,就是来找死。首先找死的是西北边疆的准噶尔部。乾隆打准噶尔,主要是以前大清打准噶尔虽然都赢了,但一直没占到什么便宜,也没有一劳永逸地解决问题,所以一直就看其不顺眼。到了1753年,准噶尔内部因为争夺汗位,部落发生了分裂,相互之间大打出手。乾隆认为机会来了,可以一劳永逸地解决这个刺儿头。

没想到,乾隆的计划只有傅恒一个人支持,这下更激起了乾隆的雄心。他马上让傅恒全权负责这件事。经过一番准备和调兵遣将,终于在1758年彻底制服了准噶尔。

准噶尔的战事还在收尾阶段,南疆的大小和卓也来找打了。乾隆在平定完准噶尔后,连气都不喘,马上命令傅恒组织人马,去收拾这个不开眼的大小和卓。这一仗打得比较顺利,一年后,大小和卓的叛乱就瓦解了。

为了更好地管理西北边疆,乾隆设立了伊犁将军一职,把新疆完整地纳入了中国版图。

西北的事搞定了,但大清并没有因此太平,西藏那里又出事了,尼泊尔出来要和乾隆掰手腕。尼泊尔当时叫廓尔喀,虽说是被群山包围的小国,但廓尔喀大兵在当时很有名,后来还敢跟大英士兵干仗。现在还没有大英士兵过来,廓尔喀士兵觉得打大清的士兵应该没问题。于是就在1788年入侵西藏。

廓尔喀士兵果然有两把刷子,一入藏,就把达赖和班禅领导的藏兵打得落花流水,还占领了西藏首府日喀则。达赖和班禅虽然看不惯大清,但更看不惯廓尔喀,觉得被这么个小国给灭了,太伤自尊。于是,马上向乾隆求救。

得到求救信,乾隆不敢怠慢,立刻派兵入藏。此时,前期领兵作战的傅恒已经死了,但死了老子有儿子,傅恒的儿子福康安也是个打仗的狠角,受命出征后,一进入西藏,就和廓尔喀交手,打了六

次,赢了六次。廓尔喀大兵觉得打不赢这个疯子,就赶紧退兵回国。想着有喜马拉雅山挡着,你福康安再能,还能飞过去?

没想到福康安不含糊,直接带兵越过了喜马拉雅山,进入尼泊尔的首都。这下,廓尔喀大兵没处跑了,只好投降,不但把在西藏抢来的财宝归还,还发誓永远不入侵西藏。以后,廓尔喀也说话算话,真的再没进入西藏。

安定了西藏,乾隆没有就这么算了,他想着要进一步控制西藏。但藏民在各个方面的生活习俗都和内地不一样,同时,西藏又是一个宗教氛围很浓的地方。为此,乾隆想了一个办法,藏民信佛,这个不好管,那就管好那个宗教的头吧。于是,乾隆为如何选拔达赖和班禅确立了一个金瓶掣签的制度。就是说那些候选的达赖和班禅,最后谁当选,不由哪个人说了算,而由抽签决定。这样,西藏活佛的确立,就处在了大清政府的监督之下了。

内地的麻烦基本解决了,但国家还没有完全太平,1786年,台湾又出事了。自从康熙平定台湾,把台湾纳入版图后,台湾一直很安静,但安静不等于平静,尤其是台湾曾经是反清复明的大本营,反清组织在内地待不下去,就会越海跑到台湾蛰伏,等到有机会,就起来给大清添麻烦。

乾隆当政不久,台湾就开始发生动荡,但他没有太在意,而今,他已经是个老人了,多年的战无不胜,使得他很自负,觉得台湾一个小岛,怎么会有人敢反抗大清呢?一定是当地人发生了械斗,地方官为了邀功,才把事情往大了说。因此,他只是发旨训斥了地方官一顿,并没有做什么准备。

但这次乾隆却看走眼了。因为在台湾发动这次起义的组织是老牌反清组织天地会,其首领林爽文不仅有能力,而且还极具雄心,不把大清打趴下,就不罢休。面对这样的对手,乾隆却掉以轻心，自然不会有好结果了。

林爽文在台湾的发展非常顺利，没多久，就攻下了几座县城，连知府都杀了，而各地的天地会一听有这么一号厉害的人物，根本不用动员，纷纷起来响应。一时间，台湾总共四个县，有三个县成了林爽文的天下，再这么打下去，全台湾就要成为林爽文的天下了。

乾隆得知台湾局势如此严峻后，才知道这回遇到对手了。他先派福建总督常青去台湾平叛，而且是什么条件都满足，只要常青赶快结束台湾的战乱。常青别看是总督，但骨子里却不是个打仗的料。一到台湾，和林爽文的部下交手的第一仗，还没见到林爽文的面，就被杀得大败，狼狈逃回台湾府城，再也不敢出来。

林爽文一看，自己连总督都打败了，还有什么可怕的？马上就要召集各地义军，打破台湾府城，把台湾真正拿到自己手里。

台湾战事不顺利，让乾隆很气恼，决定派出自己的战神福康安出马。福康安与副将海兰察上了台湾岛，两人也不用别的战法，就是带着一帮大兵去找林爽文决战，一路上，把遇到的村庄全部毁掉，使得林爽文失去了后勤基地。等到找到林爽文，双方一交手，林爽文就败了，这才知道，真正的大清将士是惹不起的。

清军赢了第一仗，马上再接再厉，追着林爽文打，最后生擒林爽文，快速平定了台湾之乱。

第四节　风流皇帝

中国的皇帝富有四海，什么都不缺，尤其是女人。乾隆皇帝二十五岁即位，正是年富力强的年纪。老百姓家的孩子，在这个年纪都想着娶妻生子，更何况皇帝，而且还是一位年轻的皇帝。因此，

"寡人有疾,寡人好色"也就是乾隆身上的标签了。

乾隆有多少女人?这个统计不清楚,从清宫档案记载看,他有正式封号的后、妃、嫔、贵人就有四十多人,还有十二位是他五十岁以后选进宫的,老夫少妻就不用说了,而且这些选进来的女子,年龄不超过二十岁,十三四岁的女子比比皆是。

乾隆大婚是在他十六岁的时候,而他的皇后只有十一岁,也算年岁相当。更重要的是出身名门,所以将来当皇后是顺理成章的。乾隆和皇后的感情很深,皇后也识大体,对乾隆拈花惹草的事并不过问。只是好景不长,皇后没多久就去世了。

皇帝没了皇后,那总不是个事。所以乾隆在皇后去世三年后,又立了一位皇后。这位皇后与乾隆一开始也颇为琴瑟和鸣,后来不知何故反目,乾隆收缴了她的四份册宝夹纸,可以说是不废而废。皇后更是做出了剪发的怪异举动。一年后,这位皇后就死了。乾隆下旨以皇贵妃礼葬,实际葬仪仅相当于嫔。

乾隆是一位很成功的皇帝,国家治理得也不错,国库里银子不缺,自然有心思去干别的事了。干什么?下江南!

江南不仅富足,风景优美,而且还盛产美女,这对于乾隆有很大的吸引力。皇帝下江南,康熙就干过,但康熙下江南,是巡视天下,而乾隆下江南,正值太平盛世,巡视就放在第二位,猎艳却成了主要目的。

扬州自古就是繁华之地,乾隆下江南,必定要在扬州上岸。皇帝驾到,自然要清场,码头街道,都要戒严,只要是男的,都不许上街,有多远滚多远。但对于扬州女子,却不在禁止之列,皇帝的用心可想而知。所以乾隆下江南,也伴随着各种各样的八卦消息。一直到现在,还有人在挖掘乾隆下江南的艳遇故事。

当然,风流归风流,皇帝毕竟有皇帝的威严和风度,乾隆下江南,寻欢作乐不假,但也不像传说故事中编的那样不靠谱。相反,乾隆下江南所形成的文化韵味的故事,倒能流传千古,成为一段佳话。

乾隆喜欢巡游,不喜欢待在皇宫大院里,而且是哪里好玩,就到哪里去,虽然花费无数,但乾隆时代是大清最富有的时代,无论花多少,都负担得起。一些官员也借此找到了贪污的机会,所以,对乾隆皇帝南巡,绝不阻拦。

热河的避暑山庄,闻名于世,虽然从康熙时期,热河就成为皇帝避暑的地方,但避暑山庄的大多数建筑,都是乾隆时期修建的。原因无他,就是有钱。乾隆是一个喜欢花钱的皇帝,所以在热河这个地方,为自己修建别墅来享受,就顺理成章了。而避暑山庄的奢侈程度,现在看起来,也让人咋舌。光两座庙宇——须弥福寿之庙和普陀宗乘之庙的鎏金铜瓦,就花去了黄金三万两。

乾隆的心思很简单,因为热河是宴请北方少数民族头领的地方,奢华一点,可以让那些北方没见过世面的人,从心里赞叹大清皇帝有钱。

在花钱享受方面,乾隆是大清皇帝里的第一名。在下江南时,乾隆听说海潮很有气势,就想着要观摩一下。皇帝发了话,手下当然要去办了,又不能让皇帝冒险到沙滩上去近距离观赏,不然,海潮涌上来,可不管你是皇帝还是平民,统统都要请到龙宫去做客。因此,为了皇帝的安全,就动用国库的银子,在海宁修了石塘,目的只有一个,让乾隆高兴、安全地观看海潮。

从奢靡程度上看,乾隆还是要排第一。每次南巡时,动用的巨舟就达上千艘,旅途漫长,在船上又觉得无聊,怎么打发时间呢?臣子们就想了个办法,在河的沿岸搭戏台,每到一个地方,就唱戏,还有其他娱乐活动助兴。

皇帝是金枝玉叶，一天走不了多少里就要休息休息，于是，沿途还要给皇帝修行宫，沿途的街道要铺锦毡，有的地方还要蒙上绸帐。在吃的方面，更是需要山珍海味以及地方土产。更夸张的是连痰盂都要用镂银丝的。后来，因为八国联军攻打北京，同样喜欢奢靡的慈禧太后逃难到山西太原，看见乾隆南巡时留下的一些东西，都羡慕地说："我宫里都没有这样的好东西。"

中国人非常重视寿宴，以前满人在关外，寿命都不长，所以，没办过什么寿宴，现在，到了中原，生活条件改善了，寿命也长了，因此，也学着要举办寿宴了。乾隆是个孝子，在为其母举办寿宴方面，特别尽心。而大臣也知道拍马屁，所进献的东西，无不是奇珍异宝。在乾隆晚年的时候，还举办过两次千叟宴，就是把全国六十岁以上的老人都请到北京来，吃一次大餐。幸亏那时人的寿命短，来不了多少人。当然，就是这个规模不太大的宴会，从乾隆以后，也没有哪个皇帝有能力再办一次了。

乾隆不仅喜欢花钱，还特别喜欢附庸风雅。他自以为要做所有皇帝当中的第一，有点困难，但要当一个最有文化的皇帝，难度应该不高。所以一有机会，就拼命展示自己的文化才气。

皇帝要卖文，下面的大臣当然要迎合，只要看到皇帝要卖弄什么，就拼命地吹嘘什么最好。乾隆汉学修养还是有一点的，尤其喜欢写诗，只要看到点什么特别的，就要写上几句御制诗，还要让大家一起唱和。从这个方面看，乾隆应该属于那种不自信或者过于自信的人。

乾隆的诗歌水平到底怎么样？看看下面的诗就明白了："黄萼裳裳绿叶稠，千村欣卜榨新油。爱他生计资民用，不是闲花野草流。"这是乾隆看见地上的野花，有感而发写的一首诗。之所以说是诗，主要是从格式上看的；如果从内容和押韵上看，这样的作品要是也能算诗歌,那诗歌这种文学体裁也应该被埋葬了。

如果从诗人的角度看,乾隆写诗应该是还没入门,分析他的一些作品,一看就知道是在记流水账,只是会玩一些文字游戏,但对于诗所要求的意境,他可以说没有摸着门道。

问题的关键在于乾隆太爱写诗了。他一生写了大约四万首诗歌,到了垂暮之年,还在翻印他写的诗,并且每个大臣都要赏赐一部。想想看,人活六十岁,才两万多天,乾隆活了八十九岁,满打满算也不到三万天,他竟然能一天几首的速度写诗,而且还满世界宣扬自己写的诗,也只有皇帝能这么干了。

乾隆的文化品位还表现在他喜欢欣赏绘画上,从乾隆的收藏上看,他绝对是一个识货的人,一些大家的藏品基本上都是真品,这种眼力,倒不是吹的。因为乾隆有个爱显摆的臭毛病,看到自己喜欢的真迹,就喜欢在空白处题诗或者盖图章。乾隆当政时期,是大清国力最强盛的时期,海内升平,文化事业也比较昌盛,所以,他有闲情雅致去搞这些艺术鉴赏。

乾隆不仅懂画,而且还自己画画。作为帝王,自然不会想到去抢画家的饭碗。所以,他画画不是为了出名,也不是为了卖钱,而是标准的自娱自乐。在这种心境下,乾隆作画,用的是最好的纸、最好的墨、最好的颜料,同时也是以最好的一种心态来创作,在一种无拘无束的心态中,笔随意走,挥写的是性情,而不是笔章墨法。画史上,能拥有这种境界的人,一般都能画出流传千古的好作品。

作为一个喜欢艺术的皇帝,自然不会把眼光拘泥在中国传统画上,对于西洋画法,乾隆一样感兴趣。传教士郎世宁就利用乾隆的这个爱好,和乾隆接近。两人不仅在一起探讨画画技巧,他还利用这个机会,向乾隆请求在中国自由传教。而乾隆一高兴,竟然答应了,规定除满人不许信教之外,其他人想信教,就去信吧。

皇帝主要的能力应该是在治国上,乾隆在治国方面的成绩可圈可点,在大清皇帝里面也是可以排在前列,而在艺术方面,不谈艺术造诣,也算是一位有作为的人。

第五节　贪官养成记

乾隆朝什么人最出名？恐怕除了乾隆之外,就是和珅了。和珅的出名在于贪,说他是中国头一号贪官,亦不为过。但和珅能赢得贪官的冠军,难道真的只是靠吹牛拍马吗？

和珅是满洲正红旗人,其祖上也阔过,还给家里留下了世袭三等轻车骑都尉的爵位,只不过到和珅这一代,除了这个爵位,就什么都没有了。

爵位不能当饭吃,要想吃饭,还得靠自己。小时候,和珅读过几年官学,在上学期间,和珅的表现是不错的,学到了很多知识,尤其是科考之外的知识,比如语言。当时满洲人自己都不怎么学本民族的语言了,全部学汉语,但和珅却很留心,专门学满语,同时,还学了蒙古语和藏语。除此之外,对于中国的传统文化,和珅掌握得也不错,有很高的文学修养。

在上官学期间,和珅还留了个心眼儿,那就是只要乾隆皇帝有什么诗歌问世,或者又写了什么字,只要他能看到,他就仔细地揣摩,把乾隆的爱好都琢磨得差不多了。

等到和珅到了要毕业的年纪,他掌握的这些知识,考科举是不行的。所以,和珅想到了利用自己的祖传爵位去当皇家侍卫,也就是警卫员。从和珅后来的经历看,他应该是没什么出众的武艺,但人长得精神,又念过几年书,在一群满人侍卫当中,算是有文化的人。所以,不用他在皇帝面前站岗,而是充当了专门为皇帝打伞的仪仗兵。

当时的仪仗兵,不像现在的仪仗兵,站在那里拔军姿、走正步就可以了,过去的皇家仪仗兵,还管很多事,跟皇帝直接打交道的机会多,因此要特别小心,如果因为什么惹皇帝不高兴,那也只有一个下场——死。所以,一般的仪仗兵都有点怕跟皇上照面,担心哪一天不小心,被皇帝骂一顿、打一顿倒没什么,要是砍了脑袋,就不划算了。

但是,和珅的想法和其他人不一样,他想的是如何引起皇帝的注意,不然自己不是一辈子都只能当仪仗兵了?所以他总在找机会,想和皇帝说几句话,让皇帝认识到自己是个有用之人。

终于被和珅等到机会了。有一天,乾隆正玩得高兴,侍卫上前报告,云南那边来了急报,说有犯人越狱,跑到缅甸那边去了。乾隆听了,有些不高兴,就说:"虎兕出于柙,龟玉毁于椟中,是谁之过与?"意思是老虎、犀牛从笼子里跑出来了,上好的龟甲、玉器放在匣子里毁坏了,这是哪个人的过错?乾隆喜欢掉书袋的毛病犯了,但却没有分清场合,他说的是《论语》中的一句话,但周围都是些满人侍卫,没一个能听懂是什么意思,所以也不敢接腔。

这时和珅觉得机会来了,他想既然大家都不说话,那我来吧。于是就上前一步,朗声说:"典守者不能辞其责耳。"意思就是看守的人有责任。乾隆半天找不到知音,正郁闷,一看见和珅答话了,很高兴,再看小伙子很精神,就问他读过《论语》吗?和珅说读过。乾隆就让他背几篇,和珅对答如流。乾隆一看,满人当中还有这么一个人物,那真是比天上出现白乌鸦还稀罕,马上提拔和珅,不让他当侍卫了,当官去。就这样,和珅走上了发迹之路。

当官可以说是和珅最适合的职业,顺畅到了什么程度?二十六岁就担任了两个最重要的职务:一个是军机大臣,整天和皇帝在

一块；另一个是内务府总管大臣，就是皇帝的大管家。两年后，和珅又担任了户部尚书兼御前大臣，还因为有语言优势，又当了理藩院一把手。这下就让很多大臣都不明白是怎么回事了，这个年轻人无资历，怎么就能担任这么多的官职呢？虽然大家想不明白，但有一点大家都知道，那就是皇帝喜欢他。既然皇帝喜欢他，那就巴结他吧。

巴结和珅，可不是跑到他那里说上几句好话就完事的，那必须实打实地送上金钱。和珅小时候就受穷，可以说是穷怕了，只要有人送钱，他就收下，简直到了贪得无厌的地步。而对于一些地方大员们来说，搞到钱，不是什么难事，但要保住自己的位置，才是难事。解决这个难题找谁？找和珅，只要他高兴了，乾隆就高兴了，那自己的位置就保住了，可以继续捞钱了。这样一条产业链形成，和珅财源广进。

和珅能成为第一贪官，和乾隆的纵容是分不开的。按理说，乾隆对于贪官还是非常愤恨的，也杀了不少贪官，但对于公认的大贪官和珅，却从不惩罚，甚至连句重话都没说过。这就使得和珅胆子格外大。就连国家最重视的科举考试，也成了和珅敛财的工具。只要给钱，他就可以增加录取的名额，还能调整名次。

作为内务府大臣，和珅可以随意出入宫廷，只要有什么好东西被他看上了，他就直接拿回家。甚至属国进贡的宝贝，只要他看上了，也敢不给乾隆送上去。所以，宫里要和和珅比宝贝，也就比不过了。

和珅不仅贪财，还有经商头脑，自己开门做买卖。当铺、商铺、运输、砖厂，什么能赚钱，他就做什么。这种行为，在很多大臣眼里都觉得是丢人的事情。但和珅不管那么多，只要能来钱，他就做。

和珅如此贪婪，乾隆为什么还喜欢和宠信他，这一直都是个谜。一般认为,乾隆是个有作为的皇帝,国家治理得也不错,但毕竟这是个累人的活,所以需要人在身边说笑话解闷,而和珅正好有这个特长,所以乾隆喜欢他。其实,真正推敲起来,还是由于和珅在上学时练就的功夫——揣摩上意。和珅可以说是把乾隆琢磨透了,乾隆喜欢黄金,他就建议乾隆建万佛楼,楼建好了,总不能空着吧?于是,就让大臣献黄金佛,把楼填满,乾隆得到了黄金,而且还是大臣自愿送的,没有剥削的名声。这样的人,谁不爱?

只不过皇帝为了一人的喜好,辜负了天下苍生,才造就了和珅这样一个举世无双的贪官。

第六节　盛世危机

乾隆二十五岁登基,整整当了六十年的皇帝。在这六十年里,他可以说是心想事成,大清也走上强盛的道路。让大清走上强盛,是乾隆的愿望,他也实现了这个愿望。但在如何保持大清活力方面,乾隆的认知却不见得比当时的大清普通人要高明多少。

国家强盛的一个最突出表现就是文化,乾隆也认识到了这一点,所以在文化方面刻意表现自己,《明史》就是他在位期间完成的。但对于王朝交替更迭的历史教训,乾隆依然沉浸在历史的怪圈里,认为是皇帝昏庸导致天命归大清,而大清将是永恒存在的王朝,要做好统治工作,就必须从思想上对大清子民进行钳制。所以大清最强盛的时期,也是文字狱最猖獗的时期。

作为一个有才学的皇帝,乾隆知道思想控制的重要性,尤其在控制人要看什么书方面,更是不能放松。因此,他打着重视文化的幌子,开始了历史上最大规模的编书工作。

历朝历代都有国家出面组织的编书工作,明朝的《永乐大典》

就是一例。但乾隆想：一个被大清灭了的明朝都能修书，那他这个盛世皇帝，就更应该做这个工作了。而且《永乐大典》还没有公开发行，只是作为皇室资料保存，他要编一套全国发行的图书，以后大清子民要看什么书，只能在这里面选。于是《四库全书》的编撰，就被提上了日程。

既然皇帝要编书，那编书的总裁就是乾隆了。只不过他日理万机，有许多大事要处理，编书这样烦琐的工作就交给主编去完成了。乾隆选中了当中最富文名的纪晓岚担任审编工作，并给他下了一道命令，书不是拿过来就能放入《四库全书》里当教材的，要把里面有碍大清统治的话语删掉，实在删不掉的，就烧了，不许流传。同时，向全国发布命令，所有人家中的藏书，都要捐出来，让国家进行筛选。

有了这道命令，就不是文化的福音，而是文化的灾难了。经过这一次以编书为名的文化整顿，一大批文化经典被销毁。但不管怎样，《四库全书》还在编辑，而且花费还不小。对于这么一项浩大的形象和面子工程，乾隆自然非常关心，规定纪晓岚每天都将编好的书籍送他过目，而他也每天都坚持散朝后审阅。

纪晓岚知道乾隆好面子，如果在这方面不显示他的聪明才智的话，他是会不高兴的。于是，就让下面的抄写和编撰人员故意弄一些很明显的错误，以便乾隆在审稿时指出来。这样，乾隆高兴，大家也都安全。

想法很好，但在实施的时候却没有计划好，纪晓岚没有规定好每次送给乾隆审看的书稿只能有几处错误，以便乾隆看后，再改回来。如果大家心里有数，即使乾隆没有发现，也能保证出书的质量。所谓细节决定成败，就是因为忽视了这个关键的细节，导致乾隆虽然在审稿时能发现一些错误，但还是有许多错误被他放过了。

结果编审人员也忘记自己在什么地方特意出错，导致整个《四库全书》错误百出。因此，《四库全书》虽然规模庞大，又属于资料书一类，但后世的研究者要拿《四库全书》做参考，一定会被人嘲笑没文化。因为这套书错误之处太多，更不要说因为乾隆的好恶而出现的人为删改。一件有意义的文化工程，就这样被乾隆整的没什么意义了。

在中国历史上，不怕皇帝无所事事，就怕皇帝自负，自以为天下第一，有了这种想法，就离悲剧不远了。乾隆时期，正是西方工业文明时期，工业文明和农业文明对比，其先进性不言而喻。因此，大清作为强盛的农业国家，虽然在东方世界可以当老大，但与同时期西方国家相比，乾隆治下的大清却落后了。

1792年，大英帝国马戛尔尼受英国政府派遣，率领一个代表团，以向乾隆皇帝祝寿的名义，来到了中国。当时为了准备献给乾隆的礼物，英国政府还在商人当中开展了募捐。应该说，当时的英国商人对与中国开展贸易还是很有兴趣的，纷纷解囊，一下子就募集到了百万英镑。马戛尔尼就拿着这些钱，买了许多当时工业国家最先进的产品。

英国距离中国相隔万里，马戛尔尼几乎走了一年，才到达广州。马戛尔尼向广州总督说自己受本国政府派遣，来向乾隆祝寿，希望清政府能允许英国使团从海上走，到天津上岸，不然走陆路，他们带来的礼物，就有可能受到颠簸而损坏。

广州的大臣急忙给皇帝打报告，但在报告中只说英国使团是来祝寿的，不是来谈判的。乾隆一听，那么远地方跑来祝寿，不容易啊，就格外开恩，准许马戛尔尼从海上到北京。

到了天津后，一帮大臣来会见马戛尔尼，问他来干什么。马戛尔尼说是代表英国政府来和大清谈判通商，顺便庆贺皇帝生日快

乐,还带来了许多礼物。大臣们又把前面一段谈判的话忽略了,只想着是来祝寿的。觉得蛮夷之邦,大概不懂中国的礼节。于是就告诉马戛尔尼说:"既然是来祝寿的,那就应当下跪磕头,懂不懂?不懂我们教你。"

其实,下跪是世界通行的礼仪,而且表达的意思都一样,就是不平等。此时,英国已经是一个文明和民主的国家了,下跪的礼仪基本上都取消了,更何况自己代表的还是大英帝国,真要跪下去,国家的尊严何在?于是,马戛尔尼就拒绝了。

大臣们一听,生气了:"什么?你不跪?那你来干什么?在我们这见了皇帝都要下跪,你不跪像话吗?"马戛尔尼说:"我见了我们国王都不下跪,怎么能向你们的皇帝下跪?况且国家之间的交往应该是平等的,既然你们非要让我下跪,那你们也应该向我们的国王画像下跪。"

大清的大臣气坏了:"让我们向你们番邦下跪,你发疯也要找个地方吧?"于是,双方就在那里争论不休。到后来,由于乾隆实在想见见这英国人长什么样,就说外邦之人,不懂中华礼仪,就不要跪了吧。于是,商量的结果就是马戛尔尼单膝跪倒并鞠躬作为见乾隆的礼节。

折腾了一番后,马戛尔尼终于见到了乾隆,但也只是见到了而已。乾隆此时已经老了,对与英国开展什么贸易完全没有兴趣,想着中华物产丰富,什么没有,有必要跟一些番邦蛮夷通商吗?作为上贡的外邦,给一点赏赐的礼物就可以了。

乾隆拒绝了英国通商的请求,只是赏了他们很多东西,就打发他们回去了。为了让这些洋人见识中国的博大,他特地安排马戛尔尼从北京走到广州去上船。

马戛尔尼本来就是个有心人,在从北京到广州的这段路上,他对大清的一切,进行了全面考察,尤其考察了大清的军队,对士兵的装备和武器都进行了研究,这一研究,马戛尔尼得出了结论,大清虽然号称盛世,但已经腐朽不堪了。

从军备上看,大清还是用大刀、长矛,士兵在军官的指挥下,看起来威风,实际上不堪一击,许多随员还认为所谓的精锐部队,女人气太重,根本经不起打。马戛尔尼还说,只要英国派两三艘小军舰来,要不了两个月的时间,就能把大清沿海的军队清除干净。

英国人来了一趟中国,就把中国的虚实看清楚了,回去之后,就开始进行准备,而大清最有作为的皇帝乾隆,却依然沉醉在太平之梦当中。

第七章

王朝危机
——皇帝不是那么好当的

乾隆当政超过六十年,在这漫长的半个世纪里,他做了许多事,也做成了许多事,但对于如何选择一个合适的继承人,他却很踌躇,以至于嘉庆皇帝颙琰虽然平安接班,也充满了凶险。从整个嘉庆时期看,他只能算是一个守成的皇帝,还无可奈何地承受着大清从强盛转向衰败的事实。

第一节　天生出了两个太阳

据说,乾隆最佩服的皇帝就是自己的祖父康熙,康熙九岁即位,六十九岁去世,一共当了六十一年的皇帝,在当时是皇帝在位时间最久的。作为康熙最喜爱的孙子,乾隆一直把康熙当自己的榜样,在即位时,他就对群臣说自己最大的心愿就是像祖父那样,能当六十年皇帝,假如上天让他实现这个心愿,那么在当六十年皇帝后,他就退位享福。

乾隆即位时已经二十五岁了,与祖父相比,晚了十七年,可以说输在了起跑线上,再看看自己的几位前辈皇帝,都没有活到康熙那个年龄。因此,乾隆想自己当六十年皇帝,只能是一个美好的心愿。

但是,乾隆自己都没想到,他竟然能如此长寿,在一步步逼近康熙的记录时,自己的身体还看不出有什么大的毛病,这下乾隆皇帝有些彷徨了。自己当初许下的心愿,还算不算数?

皇帝这个职位,一般都是终身制,坐上去了,就不要想,也一般不会想下来,历史上从皇帝位置上退下来的,基本都是不情愿的,而且退下来,也没什么好结果。所以乾隆不得不开始正视这个问题。

想让位,自然是不可能的。要赖在皇位上,只有一个办法,那就是没有继承人。那意思就成了不是我不遵守诺言,而是没有合适的人即位,所以还是勉为其难坐在这个位置上操劳吧。

本来乾隆与自己的皇后感情很深,皇后一生下儿子,就被他立为太子,只是这太子出身好命却不好,没长大就死了,到后来,皇后自己也死了,这使得乾隆在不立太子这件事上,完全没有了顾忌。

开始的时候,大臣们还提醒乾隆,立太子是国本,应该及早确立,不然以后要出乱子。乾隆听了,不高兴,还把提这事的大臣给惩罚了。这下,大臣们都明白是怎么回事了,不是乾隆不立太子,是乾隆自己想当皇帝。于是大家都知趣地不提这事了。

大臣不提,不等于就没人关心了。一些不在其位的老百姓,也想着要在立太子这件事上碰个头彩,万一中奖了,那后半辈子的生活就会大大改善了。于是,在乾隆南巡时,有一位老百姓就拦路上书,说皇帝年纪大了,应该早立太子,这不仅关系到大清的国运,也是百姓的福气。这一下,把乾隆惹火了。心想,你算什么玩意?还敢管起我们家里的事了?杀!结果,这个多管闲事的人就掉了脑袋。

虽说从这以后,没有什么人在立太子的事上多嘴了,但随着乾隆年岁增大,立太子这个问题,他也不得不开始考虑了。乾隆能长寿,也很生龙活虎,按理能生下很多儿子。不想,儿子虽然多,却少有活到成年的。现在他想选一个儿子当太子,却找不到完全让他放心的人。真正能选择的,只有四个儿子——皇八子永璇、皇十一子永瑆、皇十五子永琰、皇十七子永璘。

皇八子永璇的优势首先就是年龄大,如果考虑年龄的因素,那他就排在第一位,其次,人非常聪明,诗作得好,字写得好,画画的水平就更不错了。但仔细想想,这些本领都和当皇帝不怎么搭边。而事实也正是如此,只要和正事搭上边的,他就干不好。有一次,北方大旱,按照规矩,应该向上天求雨,第一道程序是百姓祈雨,但老百姓是无法让老天爷给面子的,所以第二道程序就是皇子来求雨,最后才轮到皇帝出面。在古代,向上天求雨,是皇家一桩非常严肃的工作。而哪位皇子做这份工作,那就意味着有希望当皇帝。但永璇是个散漫人,求了一会雨,见老天爷没有下雨的意思,就不耐烦了，想你下不下雨与我何干？老爷还不伺候了。于是就走了。这下，把乾隆给气坏了，对他也就不抱希望了。

皇十一子永瑆精通书法，在清二百多年书法家中，不说是第一名，但肯定是前五名。一个满族皇子，能在汉人的艺术里抢占前列的位置，是相当不容易的。但这个才能，同样和当皇帝不搭界。而且名人范太足了，也让乾隆觉得讨厌，认为这个儿子太文弱了，这要是能当皇帝，那大清的天下就危险了。而且这个永瑆还有一个臭毛病，就是吝啬。乾隆花钱如流水，却生了一个吝啬成性的儿子，其行为让大臣都瞧不起，都觉得他这样的人，肯定当不了皇帝。

而皇十七子永璘最有自知之明，总是公开说自己不是当皇帝的料，哪怕是天上下起了皇冠雨，也绝对不会落到自己的头上。自己都把自己给否定了，还能让别人怎么捧他？于是，皇十七子永璘自动淘汰出局。

四个皇子被否决了三个，就只剩下皇十五子永琰，而且从各方面看，这个皇子也是当皇帝的最佳人选。首先，从性格上看，永琰少年老成，自制力强，起居有常，举止有度，学习勤奋，办事认真，从不逾规矩一步。这对于强人乾隆来说，是最欣赏的，因为强人都喜欢别人遵守自己的规矩。其次，永琰品质端淳，生活俭朴，为人谦逊，待人十分真挚，善于为他人着想。而且他在大臣当中没有什么恶评，大家觉得他当了皇帝，肯定不会把自己怎么样。第三，从学业上看，永琰经历了二十多年严格、系统、高质量的帝王教育，颇有心得。而在武功骑射方面，虽说不能跟其他人比，但在四个行为怪诞的兄弟当中，不比也是第一。第四，从外表看，永琰相貌堂堂，是大清所有皇子中最帅的一个。这副雍容华贵的相貌，让他无论出席什么大的场合，总是举止高贵，镇定自如，讲话不慌不忙，富有条理。经过几个方面的比较，终于让乾隆下了决心，自己的继承人就

是他了。

乾隆要传位于嘉庆,表面上看是遵从自己的心愿,但内心里却一百个不愿意。但说出去的话,如同泼出去的水,如果不实现,就等于向天下人承认自己耍赖了。八十多岁的老头,虽然固执,但也不愿意在这方面让人说长道短。所以,只好在1795年农历九月召集王子、大臣说自己要在第二年退位,让嘉庆即位。

所有人看乾隆这磨磨蹭蹭的样子,都知道他不愿意让位,嘉庆也说自己不急,让乾隆继续当皇帝。但乾隆这一次很坚决,说:"我已向上天祷告过了,这个决定不能更改。但是呢,嘉庆还太年轻,这么大的国家,那么多的事情,他处理起来,肯定没什么经验,因此,以后虽然他是皇帝,但我是太上皇,重要的军国大事,还是我说了算。一些正事我还要教他怎么办。"这摆明了就是不想交权,只是把皇帝这个名号给了嘉庆,嘉庆空担着皇帝的名,却不能干事。

到了第二年正月初一,嘉庆皇帝要正式登基了,乾隆还在那里磨蹭着,不肯把象征皇权的玉玺交出来,说既然以后军国大事还是我做决定,那这玉玺就不用给嘉庆了,省得到时候还要找他来盖印。嘉庆倒无所谓,想着皇帝还是你干,这印当然还是在你手上好了,在我这,我还要承担保护的责任,划不来。

但刘墉等大臣不干,想要么不要退位,要退位就应该把皇帝的大印交出来,否则天上有两个太阳,叫大臣怎么办事?上朝是到你那上班还是到新皇帝面前报到?于是就在乾隆面前死磨硬缠,最后终于缠得乾隆受不了了,只好把玉玺交了出来。

乾隆当上了太上皇,却不愿意享清福,还是想回朝堂过皇帝瘾。因此,就时不时地到御殿上班。这还不够,有时还跳过嘉庆,自己宣布举办朝廷宴会,大宴群臣。就是想提醒大家,自己还是皇帝。而嘉庆就辛苦了,除了上班守点之外,还要到乾隆住的地方去请教。这样的日子过了三年，终于在乾隆死后，才算结束了大清天空上有两个太阳的日子。

第二节　君臣博弈

嘉庆即位的时候，已经三十六岁了，年岁不小，又是皇帝，按说是最扬眉吐气的时代。但是，他头上还压着个乾隆皇帝，让他有谱也摆不出来；这还不算，乾隆身边还有个和珅，那简直就是乾隆的影子和传声筒，让他有谱也不敢摆。整天想着让乾隆高兴，以及不得罪和珅，这日子过得别提有多憋屈了。

从大清帝国当时的排位来看，最有权势的是乾隆，其次是和珅，最后才是嘉庆。但排在老二位置上的和珅，却非常尴尬。乾隆宠信他，让他骄宠无比，但乾隆毕竟八十六岁了，随时都有翘辫子的可能，而和珅自己还不到五十岁，总不能跟着一起死吧？要保住自己的身家性命，和珅的选择不多，要么急流勇退，趁现在乾隆和自己说话算话的时候，赶紧离开朝廷这个是非之地，反正不缺钱，到哪都能过快活日子。只不过和珅是乾隆一刻也离不开的人，又是朝廷大臣，不可能说走就走。还有一条路就是改弦易辙，投靠嘉庆。但这对于和珅和嘉庆来说，都不可能接受。毕竟，一朝天子一朝臣，和珅是前皇帝的红人，新皇帝上任，肯定不会用他。

因此，以和珅的精明，肯定不会想到主动去投靠嘉庆。那么，和珅该如何选择呢？他选了第三条路，不是造反，而是想办法换皇帝。也就是说，换一个不是嘉庆的人来当皇帝，那自己肯定是新皇帝的首席功臣，自己的权势也保住了。

和珅有了这样的想法，自然也要加紧行动。不然，乾隆一旦驾崩，他也就死到临头了。好在太上皇权势没有减弱，只要抓住机

会,嘉庆这个后补皇帝一样是可以取消后补资格的。

为了实现自己的计划,和珅首先向乾隆建议,让自己的心腹吴省兰去当嘉庆的秘书,这样可以就近监视嘉庆。乾隆当然是和珅说什么就是什么了,而嘉庆也不敢反对。就这样,嘉庆每天在奸细的眼皮子底下做事,生怕对方给自己整出什么不利材料。

即使如此小心,整治嘉庆的机会还是被和珅找到了。那是嘉庆皇帝的老师,也是和珅的对头朱珪被调到北京当大学士。和珅不高兴,但嘉庆很高兴,觉得自己这次有帮手了。高兴之下,就写了几首诗,然后让吴省兰去送给朱珪看看。结果吴省兰直接送到了和珅那里。和珅一看,这个机会不能放过,马上就送到乾隆那里,说嘉庆皇帝写了几首有问题的诗,可能对你不利。乾隆皇帝以前是搞文字狱的高手,但现在年纪大了,联想不起来了,看了几遍,也没看出毛病。于是就问和珅这哪里有毛病。和珅趁机点火说,这是嘉庆皇帝要拉拢他的老师,结成团伙呀。皇帝和人结成一伙,能对谁不利?当然是太上皇乾隆了。所以乾隆一听就火了,立刻下令,朱珪不能来北京了,还是回地方上干吧。

嘉庆一看,自己好容易要找到的帮手就被和珅给搅黄了,而且还差点把自己搭进去,就知道跟和珅不能硬扛,要躲着他点。于是从那以后,嘉庆就对和珅更客气。遇到和珅来找他商量国家大事,他总是说:"这事我不管,你问太上皇去好了。"和珅巴不得嘉庆不做主,这样自己就能把持大权了。嘉庆的假面功夫做得很到位,对和珅,除了表扬就是表扬,从不说一句不是。只有一次,嘉庆看和珅烟瘾很大,就批评他说:"你怎么抽烟抽得这么凶?这样下去,身体搞坏了,我以后依靠谁来处理国事?赶紧把烟给我戒了。"说完,还把和珅的翡翠烟嘴给没收了。

就这样,嘉庆在和珅心目中留下了好印象,使得和珅对嘉庆的提防也放松了。在和珅看来，嘉庆就是个软柿子，随便自己怎么捏，却忘了嘉庆也有一手忍的功夫，就等着乾隆归天，再收拾和珅。

1799年正月初三，乾隆终于驾崩了。太上皇死了，嘉庆的皇帝实习期也结束了，变成了真正掌握皇权的人，也有能力收拾和珅了。

但是在过去三年里，和珅是大权独揽，已经培养了一大批自己的人马，就这样贸然治和珅的罪，是有风险的。于是嘉庆就以给乾隆守灵为名，把和珅拴在了皇宫里，哪也不能去。这样一来，不仅限制了和珅的自由，还切断了和珅与外界的联系。然后嘉庆抓住这个机会，把属于自己的人马都调到身边来。一切安排好之后，嘉庆开始动手了。

为了造好舆论，嘉庆发了一道圣旨，先把乾隆后期的事给评判了一遍，尤其是当时闹得正火的白莲教起义，说前线的军官办事不力，按照国家的法律，早就该处理了，但是因为朝廷里有一位重臣，置法律于不顾，仗着太上皇恩宠，不断包庇，才使得国家法律不行。今天就要按照国家的法律来办。

这道圣旨一发，大清的官员们就知道这是皇上要找和珅的麻烦了。于是马上就有人上奏，揭发和珅，要嘉庆赶紧处置他。不然，等太上皇丧事一结束，一些拍马屁的官员勾结和珅，不知道他又要干出什么事来。

嘉庆等的就是这几句话，马上下令把和珅收监，进行审问。权倾一时的和珅，立刻就成了阶下囚。

和珅是个明白人，知道在这个时候跟皇帝硬扛，只能多吃苦头。因此，不管问他什么罪，全都承认，问到贪污了多少钱，和珅说不知道钱的具体数目，也不记得有谁给他送过什么钱。反正，爱怎么办就怎么办吧。

经过一番折腾,终于给和珅确立了二十条大罪,可以归纳为几类:第一类,对太上皇不敬,比如进圆明园大门没有下马,进紫禁城也不下轿,另外有时候太上皇的批示字迹潦草,军机大臣去问和珅这写的是什么,和珅却说:"那还不如就把它撕了。"这些都是做臣子不该做的;第二类,揽权专擅,这个就不用细说了,嘉庆最有体会;第三类,就是经济问题,和珅受贿索贿,有巨额财产却说不出是怎么来的,另外还与民争利,以朝廷大员的身份去做买卖;第四类,剿办白莲教不利,故意欺蒙,耽误了国家大事。这些罪行林林总总归纳起来,就是经济问题最严重。

嘉庆当然希望和珅死,官员们一看,皇帝杀和珅的心很坚定,那就不用可怜他了。于是,就议定了和珅的死罪,而且还是死罪的最高刑罚——凌迟处死。就这样,和珅的命运被最终注定了。

虽然嘉庆恨和珅恨得要死,但和珅毕竟是乾隆的亲家,他的儿子娶的是乾隆最喜欢的女儿十公主。所以,十公主就跑来向皇帝哥哥求情,希望皇帝开恩。嘉庆说:"和珅肯定不能饶,但看在你的面子上,就给他一个体面的死法,让他自尽吧。"

处置和珅,是嘉庆亲政后干的一件很漂亮的大事,但在如何善后方面,又显示出嘉庆的软弱。和珅是贪官,那些向他行贿的人还能有资格当官吗?因此有人提出,应该就此机会审查百官,找出向和珅行贿的人,进行严肃处理。

嘉庆却认为这样一来,牵扯面太大,想想还是算了,别打击面过宽,弄得最后没人当官了。于是就斥责出这主意的官员多事,宣布这件事到此为止。

和珅家产巨大,嘉庆查获了和珅的家产,一看这家伙太有钱了,比自己这个皇帝还有钱,本来国库里已经缺钱了,现在终于可以把国库填满了。于是就有"和珅跌倒,嘉庆吃饱"的说法。收拾了仇人，又得到了巨额资产，嘉庆总算是觉得满意了。

第三节 当头棒喝

嘉庆接的是乾隆的班，而乾隆盛世在乾隆生前就已经是公认的，应该说，嘉庆当皇帝的根基很不错，在盛世的基础上，只要不败家，就应该有一个不错的结果，也就是我们说的守成。

但是乾隆当皇帝的时间太长了，再加上年龄都过了八十岁，到这个年龄，就容易犯糊涂，只想听好事，不想听坏事。结果国家已经开始走下坡路了，乾隆还在那里悠然自得，到最后，社会矛盾爆发了。

同以往的爆发形式一样，还是农民造反，但这一次造反，又有一个新的特点，那就是宗教出场了。在嘉庆即位的第一年，爆发了白莲教大起义。

白莲教不是那种能上台面的合法宗教，但和那种合法宗教又存在着联系，真正要分析，就是由摩尼教、弥勒教、道教、佛教等各种宗教混合演变而成的，形成历史可以追溯到唐宋时期。白莲教所崇拜的神仙就是大家最熟悉的弥勒佛。

弥勒佛在正统的佛教里，地位也很高，但大家只认识佛教里的如来和观音，总认为弥勒佛嘻嘻哈哈，不那么严肃，所以就很容易亲近他，白莲教把弥勒佛当招牌，很容易在普通民众当中找到知音，再加上白莲教的教义很简单，通俗易懂，普通大众又没什么文化，看在弥勒佛的面子上，很容易就成为其中的一员。所以，经过不断发展，白莲教的规模也越来越大。

白莲教的教义的确不复杂，它认为世界上存在着明暗两种相互斗争的势力，明就是光明，它代表善良和真理；暗就是黑暗，它代

表罪恶与不合理。这两种势力几百年来不断打斗,最后是弥勒佛来帮忙,光明就战胜了黑暗。白莲教说只要有人信奉白莲教,就可以免除灾难,还可以在弥勒佛的领导下,彻底摧毁旧制度,建立一个新世界,那时,所有的白莲教教徒都可以过上好日子。

白莲教通过这样的宣传,吸引了很多对现实不满的穷人加入,而且在唐宋以及后来各个朝代末期,白莲教都发动过起义,现在,到了乾隆末年,大家都觉得现在的日子过不下去了,还是跟着弥勒佛造反,建立一个新世界为好。

在嘉庆即位的那一年,湖北地区首先就爆发了白莲教大起义,首领是一个叫王聪儿的女豪杰。白莲教为了这次起义,做了很长时间的准备工作,而大清这边,承平日久,根本就没想到会有人敢造反。结果仓促上阵,和白莲教对垒,自然是打不过。白莲教就在襄阳建立了自己的政权,设立了各种文武官职,俨然要与大清叫板。

此时,皇帝虽然是嘉庆,但主持事务的还是乾隆,对于白莲教造反,乾隆开始也没放在心上,只是派了军队去剿灭,但一直到他死,白莲教起义也没扑灭。

老子死了,留下的倒霉事,只能由儿子嘉庆来完成。嘉庆总想着不能让自己的皇帝位置被白莲教搅黄了,就督促大军速战速决。有了皇帝督促,清军很用心,几场大战打下来,就把白莲教给逼进了四川的深山老林。想着白莲教应该不成气候了,剩下不多的几个人,只要抓紧搜山,就可以完事。于是清军一边派兵搜山,一边把一些二线部队如乡勇就地遣散,免得浪费军费。

没想到这些乡勇就是因为没有生计才来当兵的,现在仗打完了,自己也没用了,回去还不是个死?于是乡勇决定反水,就地加入了白莲教,一下子又让白莲教的声势起来了。

嘉庆原本就盼着这场乱事赶快了结，没想到一下子又死灰复燃，心里那个气啊，马上命令大军赶快围剿。但这个时候，过去的战法已经不灵了，几名清军将领也手足无措。但聪明人还是有的，清军将领见打仗不行，就采取收买的办法，不断收买白莲教军中的叛徒，逐步分化白莲教的势力。这一招果然有效，白莲教中的人不断向清军投降。到1805年，最后一支白莲教首领在与清军的战斗中死亡，这一场持续十年之久的大起义，才算彻底平息。

白莲教大起义，可以说是为乾隆盛世的场景盖上了棺材板。面对这场乱事，嘉庆也明白了大清朝弊端重重，应该好好改革了。

要改革，从哪里改？嘉庆首先想到的就是管官，认为只要把官管好了，天下就会太平。于是，嘉庆就从吏治入手，整顿官场。

官场最大的弊端是什么？奢靡，奢靡导致腐败，导致官吏欺压百姓，所以这种作风必须改变。官场的奢靡风气是以前乾隆惯出来的，所以嘉庆决定从自己做起，杜绝这股歪风。

于是嘉庆率先推行节俭，也自动戒除了看戏之类的爱好，在饮食上也不像乾隆那样奢侈。对于一些顶风搞腐败的官员，不管是为皇帝还是为自己，一律革职，还发往东北去做苦役。

可以说，嘉庆为了树立简朴的作风，的确是付出了很大的努力，在二十五年的皇帝生涯中，他始终保持勤俭的作风，而且还把这种作风传给了儿子。可惜，那些大臣们都不理解皇帝的苦心，想着你想苦自己，是你的自由，我们可不能苦自己。于是，奢靡之风反而愈演愈烈，到最后，他自己也觉得无能为力了。

奢靡之风解决不了，嘉庆想着那就解决官员不称职的问题吧。没想到，这个问题比解决奢靡问题还要难办。为了给官员树立勤政的榜样，嘉庆还是以身作则，率先垂范，哪怕自己身体不舒服，还是亲自处理国政。但榜样的力量不是无穷的，大清的官员照样是

只拿钱不做事。不仅不做事,出了事还要互相包庇,推卸责任。这就导致嘉庆朝官员因懈怠而发生的荒唐事层出不穷,最令人哭笑不得的是在 1820 年,兵部的大印竟然被人偷了,在当铺当了银子。

应该说,嘉庆工作还是很努力的,理想也是崇高的,但此时,王朝弊病已经深入骨髓,而且封建社会从盛世走向衰败是必然的,这不是嘉庆自己能改变的。再加上嘉庆自己做事不持久,前怕狼后怕虎,使得他的政策只能管自己,管不了官吏。因此,其改革必然失败。

第四节 杀进皇宫的好汉们

在皇帝的安全保障方面,应该是最严的,因为皇帝的安危牵扯到许多人的身家性命,一个方面顾及不到,很多人不仅是倒霉的问题,而是掉脑袋的问题了。但是嘉庆却离奇地遭遇过两次暗杀袭击。

第一次遇袭发生在 1803 年。这一天,嘉庆皇帝坐着轿子,在大队侍卫和大臣的簇拥下,进了神武门,在这个地方,皇帝下轿,准备步行到下一个大门时,突然从旁边窜出了一个人,手里拿着小刀,直朝嘉庆扑来。

在场的众多护军、侍卫怎么也想不到会有人有这么大的胆子在这个地方行刺皇帝,一时间都被吓懵,站在那里发呆,不知所措。轿旁的御前大臣定亲王绵恩离皇帝最近,立刻冲上前,阻挡大汉行凶,这时旁边的几个人也清醒过来,也跑上来帮忙。毕竟刺客只有一个人,所以没多长时间,就被制服了。

皇帝差点遇刺,整个朝野轰动。嘉庆马上传令,这件事一定要查清楚。大臣们也不敢怠慢,马上就对刺客进行审问。没多久,事情就清楚了。

　　刺客名叫陈德,四十七岁,北京人,其父母原本是官宦人家的家奴。这样出身的人,自然不会有什么好前程,在北京也是靠为有钱人帮厨为生。但即使这种日子,也没过很久,他就被主人解雇了。陈德实在是活不下去了,就想着要弄一件惊天动地的事情出来,就是死了,也值了。那么什么事能算得上惊天动地呢?自然就是行刺皇帝。于是他就做了这么一件大事。

　　几个大臣审完后,都觉得匪夷所思,训斥道:"你一个老百姓,活不下去了就来行刺皇上?这也是理由?你编故事也要看对象呀。"嘉庆自然也不相信事情会这么简单,他想得更远,觉得是不是有人不仅要对他下手,还要对他的儿子下手?于是下令重审,一定要找出幕后黑手来。

　　大臣们又开始忙起来,但不管怎么审,陈德还是坚持没人指使,就是自己活腻了想死,又不愿意这么无声无息地死,所以才想着要干一件大事出来。在经过无数次的日夜轮番熬审,连日大施酷刑,掌嘴、跪链、刑夹、押杠等之后,陈德也受不了,想着不弄出一个说得过去的理由来,自己想死是死不了的。于是开始胡扯,说自己以前做了一个奇怪的梦,梦见自己在庙里抽签,抽的签都是好签;后来又到了一所知府大堂里,有人给自己穿了蟒袍,觉得自己应该有皇帝命,于是,就起了坏心。

　　大臣们觉得这个结果还算说得过去,就对嘉庆如实汇报。说案子就是这么回事,这个刺客的确没什么同伙,可以结案了。嘉庆见审了这么久,还是这么个结果,也想着就算了,于是下令把陈德凌迟处死。同时,为了杀一儆百,嘉庆还下令把陈德的两个儿子一并绞死,哪怕他的两个儿子还不到大清律条规定应该处死的年龄,嘉庆也没有放过。

一件惊天大案就这么完结,嘉庆以为应该可以给那些心怀不轨的人一些教训了,自己这辈子应该不会再遇到这一类麻烦了。没想到,几年后一件更骇人的事又发生了。

1811年的秋天,在西北天空上出现了一颗彗星,这本是很正常的现象,但钦天监却添油加醋地向嘉庆报告说这不吉利,应该是今年会有战争。嘉庆一听,既然今年这么不吉利,那就让今年赶快过去吧。于是下令把1811年的闰八月改为第二年的闰九月。想着老天爷应该不识数,分不清是哪一年吧。

皇帝改年是件大事,但对老百姓来说,也不是什么太值得纪念的事,再怎么提前过年,还是一天要吃三顿饭。但有一个组织却觉得机会来了,这个组织就是带有反清复明色彩的天理会。

天理会见皇帝要改年份,马上就开始宣扬说闰八月不吉利,那是对嘉庆不吉利,对他们可是大大的吉利。所以,不能放过这个机会,要趁嘉庆到木兰打猎的机会,发动起义,占领京城。

天理会办事效率很高,说到做到,马上就在直隶省各县进行准备工作,并派头领林清到北京,负责攻占皇宫的任务。林清的效率更高,一到北京,就纠集了几百人的队伍,还联络上了在宫中工作的太监,做好了一切准备工作。

天理会一切工作做好之后,就开始在直隶省点火造反,开始声势浩大,几个县城都被天理会攻下了。但直隶省毕竟是大清的心脏地带,嘉庆一听直隶都有人造反了,那自己还怎么回去?马上命令部队进行镇压。于是清军对直隶天理会义军进行围剿,使得他们无法攻到北京。

在北京的林清对这一切却不知情,只想着完成组织上交给自己的任务。他命令自己的人马闯皇宫,没想到,一切都还非常顺利,一直到皇宫门口,都没遇到麻烦。这下,这些人就得意了,想到还真是老天帮忙,到了门口就不用耽误了,马上亮出兵刃往里闯。

闯进皇宫后,有接应的太监过来引路,但皇宫太大,这么些人这样折腾,早把清军给招来了。于是一阵搏杀,最后只有几个人闯进了皇宫深处。此时,在皇宫里身份最高贵的人就是嘉庆的次子旻宁,听说宫里来了反叛,他表现出皇子少有的镇静,拿着一把鸟铳就出门了。一出门看见一个天理会成员在爬墙,他马上开了一枪,把人给打死了。然后他又召集太监进行大搜捕,总算把几个冲进来的天理会成员都给抓住。

在热河的嘉庆得知这个消息后,大吃一惊,怎么倒霉的事都让自己碰上了?不说大清百年没遇到过这种事,就是几千年来,也没什么乌合之众杀进皇宫里的事发生啊。于是嘉庆急忙起驾,往京城里赶。

回到皇宫,看见迎接的大臣,嘉庆伤感地说:"我大清以前何等强盛,怎么今天遇到了这样的事啊!"大臣们也不好开口说什么,只好在那里抹眼泪,表示悲痛。

接下来,嘉庆开始处理善后事宜,儿子旻宁表现不错,奖!对被抓住的一些人进行审问,尤其是那些做内应的太监,嘉庆想着就生气,问他们:"我平常对你们不好吗?怎么要造反?"太监们只是哭,说不出话来。在审问林清时,林清倒很硬气,说自己造反的目的就是要把满人赶回老家去。嘉庆皇帝气得先把他送到了地府。

发生了这样的大事,也必须对大清全国做个交代。于是,嘉庆下了一道罪己诏,把错误的根源归咎于自己,然后采取措施,加强监管,如收缴违禁书籍,管束太监,在宫内外增加岗哨,增加驻守的军队等。

这次进攻皇宫事件,让嘉庆认识到王朝没落已经是不争的现实,自己再怎么努力,也难以改变这个趋势。

第五节　无可奈何的君王

历史对嘉庆的评价,就是一位守成的君王,只不过守成的成绩不亮眼,并使得大清继续朝没落的道路滑下去。

中国是个农业国,一直鄙视经商,嘉庆也没有超过前朝皇帝,依然认为商业是小道,不能干涉农业,对只想着发财的商人,就要狠狠打击。

1809年,大清的官员抓了一个走私生铜的老百姓,问他从哪里弄来的这么多铜。那人说是从八沟那个地方弄到的。嘉庆听说后,竟然当作一件大事,要亲自审理。审问完后,马上派大臣去八沟,看那里到底有没有铜矿。

手下人跑去调查一看,那里的确有铜矿,而且私自开采的现象还很严重。如果嘉庆有商业头脑,就应该由国家组织开采,但他却认为不能让百姓只想着开矿而不种地,因此马上下令:"封矿!都给我回家种地去。"

按理说,嘉庆大力发展农业,也不能说错,但他的政策太僵化,让人开荒,只许在内地找地开荒,而关外有大批荒地,却因为是祖宗龙兴之地,不许打扰,宁愿荒着,也不许开垦。这种脑残政策,自然起不到好的效果。

乾隆晚年,英国特使马戛尔尼就来华要求通商,遭到了乾隆的拒绝,这本来已经证明了乾隆的短视,而到了嘉庆时期,他不但没想改变这种错误的政策,相反还变本加厉,不允许有丝毫松动。乾隆好歹还允许在广州进行自由贸易,嘉庆则更进一步,不仅设立公行,垄断了海外自由贸易,还定下了许多规矩,把外贸的时间限定为八九月间,其他时间不许同外国人做生意。

1805年,沙俄商人不知道怎么闯到了广州,要同大清做生意。大清官员想,本来广州就是同外国人做生意的地方,虽然按规矩,沙俄应该在北方进行交易,但对方来都来了,就让他们进行交易吧。

本来这是一件小事,官员们也认为没什么大不了的,没想到,嘉庆看到报告后,大发雷霆,说外国人来大清做生意,都是划好了地域范围的,怎么能擅自越界?让他们怎么来的,就怎么回去。于是,这些倒霉的俄国商人只好把货物装船运回去了。

嘉庆皇帝的这种态度,其实就是一种防范外国人的思想,以至于把商业问题当作政治问题进行处理,而且还上纲上线,给自己的大臣念紧箍咒,不许他们越雷池一步。

在闭关的政策上,嘉庆比哪一个皇帝都坚决,不仅遵循父亲的法则,管好自己的行为,同时还要约束子孙,这一行为,使得中国与海外的交流被人为地阻隔开了,也失去了学习和赶超的机会。

1816年,不死心的英国人再一次来到中国,想向嘉庆提出通商要求。大概英国人觉得当年的乾隆老了,所以不容易说服,这嘉庆正在盛年,应该可以打交道。没想到,嘉庆比他老子更不好打交道,乾隆还能容忍英国人不下跪,嘉庆一听说英国人还是不愿意下跪,直接让他们滚蛋,还说:"以后不要来烦我了,你们那些东西,我们不需要。"

但是,商人的逐利性不会因为嘉庆不喜欢而终止,合法的贸易不能做,那就做非法的贸易好了,只要能赚钱,也顾不得那么多。于是,鸦片就开始成为紧俏的商品,输入中国。

对于鸦片的危害,嘉庆倒是认识得很清楚,所以,他下令严禁,而且不许通融。可惜,嘉庆是一个喜欢把话说得很满,但却不知道该怎样行动的人,大清的官员也知道他这个毛病,就大做表面文

章，一边跟着嘉庆摇旗呐喊禁烟，一边去吸毒贩烟，使得禁烟运动成为儿戏。

嘉庆当了二十年皇帝，可以说在岗位上非常勤勉，也乐于为大臣们做出表率，可惜，他的良苦用心却无法感动那些大臣们，大清依然朝着王朝末路走下去。

第六节　突如其来的死亡

1819年农历十月，嘉庆迎来了自己六十岁的生日，作为一个提倡节俭的皇帝，嘉庆从没大张旗鼓地过生日。这一次是六十岁，大臣们想再不能苦皇上了。于是，就苦苦哀求嘉庆给全国人民一次祝寿的机会。嘉庆想这么多年自己节约苦自己，也该放松一次了，就答应了大臣们的请求。

没想到，大臣们就借这个机会，狠敲了一笔嘉庆的竹杠。他们从圆明园到西直门沿街设立了十三个为皇帝祈福的经坛，然后找一些喇嘛、和尚念经。这当然不能让人家白念，总要给一点劳务费吧。

结果嘉庆一看账本，差点气昏了，每一个经坛竟然要一千两白银。就是抄写经文也要不了这些钱呀。被敲了一笔钱的嘉庆不好处罚，只好下一道命令："以后我过七十岁生日的时候，不许再做这个事了。"

可以说，一直到这个时候，嘉庆还认为自己活到七十岁没什么问题。为什么如此有自信心？因为爸爸乾隆活了八十九岁，自己的两个哥哥，也都七十岁了，还看不出有要死去的迹象，而且到现在为止，嘉庆还没得过什么病，活到七十岁，肯定没问题了。

到了第二年，嘉庆决定到木兰围场搞一次打猎活动，毕竟，这是皇家保留的体育节目，每年不搞一次，就觉得差了点什么。再说了，国事那么繁忙，不轻松一下，也对不起自己。于是，在1820年农历七月十八日，嘉庆带着皇次子旻宁，皇四子绵忻还有王公大臣等人，踏上了去木兰打猎行围的征程。

古时候娱乐活动不多，能去打猎，自然心情轻松，所以，嘉庆也很高兴，尤其这个时候还真是北方最好的季节，一路走来，也是心旷神怡。正是因为心情愉快，所以嘉庆不耐烦坐轿子，提出要骑马。

嘉庆的这个要求，大臣们都不答应，理由很简单，都六十一岁的老人了，就应该安分地坐轿子，干吗要逞英雄骑马，要是有个好歹，大家还玩不玩了？好容易出来一趟，别喜事弄成了丧事。但嘉庆却非要骑马，谁说也不听。大家没办法，只好把皇帝的专用坐骑拉过来，仔细检查一番，觉得没毛病了，才让嘉庆骑上去。

骑马看起来很简单，其实特别费体力，因为控制不好，就会从马上摔下来，弄不好还有生命危险。但嘉庆也是在马背上长大的人，骑马的本领是具备的，又在轿子里憋了那么长时间，所以骑上马，就不想下来了。就这样，一大群人簇拥着嘉庆来到了承德避暑山庄。

在山庄住了些日子，猎也打了，该举行的娱乐活动也举行了，剩下的就是舒心地在这里过日子，然后回家。农历七月二十五日这一天的清晨，嘉庆皇帝起床梳洗完毕，就坐在桌子旁，开始阅读祖宗的实录。这是嘉庆给自己定的一个规则，不管多忙，祖宗实录是必须要看的，不看完不许吃饭。一般都是早晨看，然后吃早点，吃完早点后，就是上班时间了。

但这一天有些不寻常，到中午军机大臣来请示，拿过嘉庆批示的文件一看，字迹潦草，都不知道写的是什么。军机大臣连忙说，

皇上您太累了,不能工作,应该马上休息。

嘉庆也觉得自己有些累了,就接受了大臣的意见,让太监扶自己上床休息。结果,一上床,人就昏过去了。这下,大臣、太监和太医都吓坏了,不知道该怎么办才好。而嘉庆也几次抬起手,想说什么,却说不出来。大臣们无法,只好成群结队到庙里去求神。同时,军机大臣下令整个山庄实行戒严,只许进,不许出。就这样忙到晚上,嘉庆还是去世了。

嘉庆死的时候只有六十一岁,这年龄在清朝时也不算大,死得这么突然,当然大家就有想法了,尤其是留在北京的王公大臣,也不明白看起来好好的皇帝,怎么就突然死了。嘉庆是怎么死的,清廷也不明白,一些相关记载,也很模糊,所以,一直以来,嘉庆的死因就是一个千古之谜。

细究起来,觉得嘉庆的死也算正常,因为从记载上看,嘉庆是个胖子,老年人体胖,会对身体健康有很大的影响,而且他还很喜欢喝酒,每天都要喝上几杯,再加上饮食以肉食为主,所以,按照现代医学知识判断,嘉庆很可能会有高血压一类的疾病,再加上二十年来,嘉庆每天都在为治理庞大的帝国操劳,几乎没过一天的安稳日子,面对大臣们的懈怠和无能,总是处于压抑、烦躁、忧愁和劳累之中,这又对高血压病情的加重有推波助澜的作用。再加上在木兰猎场打猎,参与剧烈的运动,猝死也就不足为奇了。

虽然嘉庆是怎么死的,已经难以查明,但大清王朝不会因为嘉庆的死而有什么转机。

第八章

夕阳晚照——无能为力的朝政

道光皇帝旻宁是大清皇帝中唯一以嫡子身份即位的皇帝,但身份的高贵并没有为他带来好运,相反,大清在下滑的通道中越走越快,终于开启了中国百年屈辱的历史。

第一节　想即位，气不足

从康熙皇帝起，大清的皇帝就想着学习汉人王朝立嫡子当皇帝，但总不能如愿。康熙倒是以身作则，立了嫡子当太子，但嫡子不争气，浪费了康熙给他的两次机会，最后选择了雍正。乾隆什么事都学康熙，立嫡子当然也会跟着学，但他的两个嫡子都没活到成年就去世了。以后乾隆虽然长寿，也没花心思立皇后，甚至连立太子都没心思。到最后，选择了嘉庆。

而旻宁出生时，嘉庆已经被立为太子了，所以他一出生，地位就比其他皇子高。乾隆也如同康熙喜欢幼年时的自己一样，非常喜欢旻宁，还在一次打猎后，赏给他一件象征权力的黄马褂。可别小看这件不起眼的褂子，平常人穿着他，身价就不一样，更别提是皇子了。

嘉庆看见乾隆喜欢自己的儿子，也觉得高兴，就在乾隆去世三个月后，把旻宁立为太子，作为接班人培养。而旻宁也很让嘉庆满意，嘉庆喜欢的，他喜欢，嘉庆不喜欢的，他肯定讨厌，这倒不是做戏，而是深深地刻在了性格上。

虽然旻宁命好，也被大臣们一致看好是能接嘉庆的班的，但由于大清秘密立储制度已经成了惯例，只要皇帝不公布，那么一切就要照规矩来。因此，嘉庆突然死亡，旻宁如何接班就成了问题。

本来，旻宁是跟随嘉庆一起去木兰打猎的，但封建制度下，王子只是身份贵重，没多大的权，是不是能即位，不是自己说了算的。再说了，新皇即位这件事，有时候不是说是你的就是你的，还面临着很大的不确定性。但有一点很明确，那就是捷足先登，谁最先坐在那个位置上，基本上就是你的了。所以嘉庆一死，大臣们就开始

找遗嘱了。他们先对嘉庆的遗体搜了一遍,结果什么都没找到,又打开了从北京带来的十几只箱子,还是什么都没找到。这下大臣们都着急了,难道嘉庆生前没立下什么遗嘱吗?是不是留在北京了?应该不会。这么重要的文件,怎么就真的只放在大殿上的那块牌匾后面呢?

就在大家着急的时候,内务府大臣禧恩说:"不要找了,国不可一日无君,我们大家就拥立旻宁即位。因为嘉庆皇帝喜欢他,我们大家都知道,而且他还在天理会攻打皇宫的事件中立下大功,受到皇帝嘉奖,又是嫡子,同时是目前几个皇子当中年龄最大的,已经三十九岁了,够格当皇帝了。相信嘉庆皇帝也不会选别人当皇帝的。"

但军机大臣托津和戴均元却认为这么决定太草率了,他俩说:"毕竟大清秘密立储制度大家都知道,要是找不到那个装圣旨的匣子,就没有说服力。所以这事关系到国家的稳定。再加上现在我们大家都在热河这个地方,要是北京那边拿出那个匣子,里面写的名字不是旻宁,我们怎么办?那不要干仗吗?现在是太平时期,为这事去死,太不值得。"

结果两派人吵了起来,谁也说服不了谁,而旻宁在这件事上没有发言权,只能在一旁边哭边看着他们到底要立谁当皇帝。吵到后来,终于找到了一个太监,原来装有继承人名字的匣子在他那里。大家打开匣子一看,果然写的继承人是旻宁的名字,大家都没话说了,马上拥立旻宁即皇帝位,改年号为道光。

以上的事情经过是记录在《清史稿·宗室禧恩传》里,《清史稿》是经过官方审定的历史资料,真实性比较可靠,但对于自己是怎么当皇帝的,道光却有另一种说法。他说嘉庆皇帝临终时,把大臣们都喊到身边,然后当着大家的面把匣子打开,里面就放着装立储密旨的木头盒子，大家一起打开它，当众宣布立储密旨，立道光为皇太子，然后他遵旨继位。这个经过记录在道光让人主持编纂的《清仁宗实录》里。

现在问题来了，这两种说法完全不一样，总有一个是真的，一个是假的，所以，有关道光得位不正的说法就传开了。后来，道光也为此做了很多努力，似乎收效不大。但不管怎么说，已经坐在了那个位置上，手续也办了，大臣也服了，就是旁人再说三道四，也没什么关系了。

第二节　危机降临

道光即位，纯粹是因为出身好，又是现存皇子当中的老大，几乎没人可以跟他争。但他确实不是当皇帝的料，一生中最出彩的地方，就是在皇宫里跟天理会的会员们干了一仗，而且还是跟几个漏网之鱼干仗。但不管怎么说，大清的太子好久都没这么威风了，所以，他这个皇帝对于普通老百姓来说，还是有说服力的。

不怕不识货，就怕货比货，不拿道光跟康熙、雍正和乾隆比，就是跟嘉庆比，他都比不上，但有一点，却是大清别的皇帝都比不了的——吝啬。

作为一个皇帝，道光处处表现得小家子气十足，无论是吃饭还是穿衣，都算计得非常清楚，只要多花了钱，那么接下来就是自己动手，不让人伺候了。对自己如此，对手下大臣也一样抠门。在平定新疆张格尔之乱后，道光在颐和园大宴有功将士。结果上一盘子菜，还没轮到最后一个人动筷子，菜就没了。弄得大家饿着肚子，在那里听他发表演说。

吝啬之人不会受到尊敬，哪怕是皇帝也一样。在嘉庆当皇帝

时,大家还能捧一捧他,现在轮到道光,基本上没什么有名望的大臣跟着他混了,应该是觉得丢不起这人。

人最悲惨的境遇是什么?是人还在,钱没了。而作为一个吝啬成性的皇帝来说,没钱就意味着皇帝有可能当不下去。不要以为当皇帝是为了自己吃喝,养大臣、养兵,哪样都要花钱,而道光却悲摧地发现,大清国库里的钱没了。

最开始,道光认为国库没钱,是被人偷了。谁这么大胆?都偷到国库里了?就是看守国库的兵丁。道光查了一阵,也抓到了偷银子的兵丁,但就是处理不下去。因为这不是哪一个兵在偷,而是集团作案,连大臣都卷进去了。最后,道光只好惩罚了几个做做样子,也就不了了之了。

既然不能把国家没钱的原因算在小偷身上,那就只有再找了,结果这一次算是找到了,是什么?鸦片!而且还是外国人贩来的鸦片。

大清实行的是闭关锁国政策,只在广州一地开设十三行,跟外国人做生意。加之当时的中国处于自然经济状态,漂洋过海来的外国货在中国这个实行自然经济的社会里,根本就打不开市场。而西方各国对中国的瓷器、丝绸和茶叶需求量大,但拿来的商品卖不出钱,就没有钱把这些东西买回去,这样生意还怎么做?当时与大清做生意最频繁的就是英国商人,英国当时已经是世界强国,但地主家也没余粮,这么赔下去,英国商人也受不了。要解决这个矛盾,只有想其他办法了。清朝一向认为自己最聪明,洋人最笨。却不知道英国人天生就是做生意的料,对付自高自大的天朝人,不用转身就能想出点子来。

果然,想发财的英国商人们很快就发现,虽然大清对海外商品管得很严,但对于鸦片却从不禁止。

正是因为鸦片在中国需求量大,所以英国等外国商人开始专做鸦片生意,这样一来,以前经商亏本的形势就被扭转了。十几年下来,中国由以前的白银富足国,一下子变成了白银严重不足的国家。

大清不是没禁过烟,清朝很多官员拿着厚禄却没什么正事干,而且大清官员捞钱都是一个赛一个的好手,他们发现只要官府宣布禁烟之后,就可以找鸦片商收保护费,收了黑钱还不用纳个人所得税,更不用怕被查财产。所以,为了抢这块肥肉,各地官员不仅没有执行从乾隆时期以来的禁烟政策,还拼着老命地引进鸦片,导致鸦片在中国越卖越红火。

一开始,大清的皇帝对禁烟这事儿都不是很认真,反正国家太平无事,多几个吸食鸦片的人也损害不了什么。但到了道光年间,因为各地农民起义不断,清朝的军队因为吸食鸦片,战斗力严重下降,被打得找不着北。

道光皇帝吝啬,最怕花钱,可打起仗来,就必须花钱,而且还花得让你没法心疼。打了几次后,道光皇帝发现枪杆子不好使,拿着钱和装备的八旗子弟连拿锄头的农民都打不过,这也太伤皇帝的自尊了!

情况不妙,道光才知道着急,发了狠要禁烟。但他哪里想得到那些本应帮他禁烟的人,既是鸦片的主要消费群体,又是鸦片走私的庇护者。对这些人来说,军队有没有战斗力,大清的江山是否牢固都不在考虑之列,趁着现在当官使劲捞才是正经事。

同时,吸鸦片在大清并不是什么不光彩的事,在当时京官中吸食鸦片者达十之一二;幕僚吸食者达十之五六;长随、吏胥不可胜数,官僚体系的各个阶层都有人吸鸦片。就连林则徐也向朝廷报告,衙门里吸食鸦片的人很多,几乎到了无人不吸的地步。

在皇室内部,鸦片鬼也不在少数,神机营管理大臣桂祥是著名的大烟鬼,而这其中最有名的人物就是道光皇帝的妈——皇太后。所以清廷在禁烟措施中,不得不把一品以上官员、六十岁以上人士排除在禁烟行列之外。而在道光皇帝的心腹大臣中,军机大臣穆彰阿,重臣琦善、耆英、伊里布等,虽然不是鸦片鬼,但都是鸦片走私的受益者,这样一来,大清想要禁烟,则完全是做梦了。

这么一来,禁烟自然是无从谈起,满朝自称圣贤子弟的官员一听到被派去禁烟就脑袋疼,都是能躲就躲,或者就是去了,也是做做样子,风光发财一回就回来交差。所以道光皇帝禁烟搞了几次,都没什么效果。

要说以前,道光对禁烟不上心,也是情有可原,但现在手里没钱,也知道大清的银子都被以英国为首的商人给弄走了,要是再不想办法挽回,再过几年,大清就真的是除了鸦片一无所有了,道光开始发急,想着这次一定要坚决彻底地取缔鸦片。

第三节 被鸦片战争打倒的中国

要禁烟,就需要找到一个得力的官员去办,总不能让道光自己跑到广州十三行去跟洋人较真吧?于是,道光开始在官员当中寻找靠得住的人。找来找去,就找到了湖广总督林则徐。

林则徐的事迹,作为中国人几乎都知道,在当时,林则徐也是一位明星官员,而且在禁烟方面,行动也最快。在当湖广地区一把手时,在禁烟上面,林则徐可谓是事必躬亲,不仅发布文告,明令在军队和政府机关中禁烟,而且还结合民间治疗良方,配制戒烟丸,发给吸食者戒烟。

戒烟这事在现代科技下,都是很难完成的任务,在当时想创造中医奇迹,就更是神话了。况且当时林则徐也不知道烟瘾和心瘾之说,看见吸食鸦片的人暂时从生理上戒烟了,还以为戒烟不是什么难事,再加上责任心使然,对禁烟就更加强硬了。

道光皇帝决定把禁烟当国策,他见林则徐在禁烟上态度最积极,也采取了许多有成效的办法,就决定把禁烟的重任交给他。

林则徐见自己的意见被皇帝接受,自然也很高兴,但皇帝要他负责,他又有些犯难。谁都知道此时在这个问题上,禁和不禁背后都有朝廷大员和皇亲国戚牵扯其中,就连皇帝也摇摆不定,要是有个什么差错,自己就是吃不了兜着走。

林则徐的犹豫被道光看出来,道光皇帝有些不高兴,因为林则徐是道光一手提拔起来的,按照资历,林则徐还不够格当总督,但道光却让他当了。现在,需要林则徐去为自己排忧解难,却遇到林则徐的软抵抗,自然有些不高兴。

但道光皇帝还是很给林则徐面子的,把他找来,少不了一番勉励,说自己这次是动真格的,让他大胆去做吧。

既然皇帝都这样说了,林则徐还能说什么呢?于是,就接下了钦差大臣的担子,启程前往广东。

林则徐到广州禁烟,对于广东地方官来说,是见怪不怪的。禁烟这事年年喊,也干过几次,但每次都是雷声大雨点小,没什么用。钦差大臣更是来过几个,事没怎么办,都是捞钱带土特产走人。

所以,当地官员想拿银子打发他回家,破财买个清静。谁知林则徐这人这次来是真心办事,不吃这一套。这下,广州的大小官员知道有麻烦了。

林则徐到广州后,以他天朝上国钦差的做派,是不会去搞调查研究这一套的。中国自古就是官管一切,更何况林则徐还是手捧

圣旨代表天子办事的,连地方大员都不放在眼里,哪里认得夷商是老几?

林则徐懒得和外商进行协商,他是儒家子弟,也当过主持考试的官,和学生有亲近感。于是,他把学生都组织起来,说要进行一次考试。学生们都单纯,见钦差大人说要组织考试,还以为是特招,都欢天喜地地来了。

林则徐的考试题目很简单,就是让学生把广州城里走私鸦片的人的名字写出来。结果学生们列出了一长串广州官员们的名字,就连当时的两广总督邓廷桢也被牵涉到了。林则徐就以此来了一场官场大扫除,许多下级"公务员"都被"双规",搞得广州官场人人自危。但林则徐对于政府里的高级官员却没有动分毫,毕竟要禁烟还指望他们呢。

整顿完了官场,就要对百姓进行治理了。对老百姓林则徐就没那么客气了。他一连发了好几个通告,把禁烟的气氛弄起来,然后开始严打。这样禁烟的效果自然是立竿见影。于是林则徐就把自己的成果向道光皇帝汇报。只要皇帝认可,自己的工作自然就结束了。

道光皇帝和在京的官员们一看林则徐的总结,都是一些惩处吸鸦片烟的,还有收缴许多吸烟工具的消息,这让一些大臣很不爽。穆彰阿就说:"这也算是禁烟吗?抓吸烟的谁不会?再说收缴这些吸烟的工具算什么本事?没有了还能再造,即使不用这些工具,还不是一样可以吸!这纯粹是扰民。"

道光皇帝听进去了,也觉得林则徐的做法不行。如果这么容易禁烟,还用得着派人去当钦差大臣吗?于是就给林则徐下命令说以后少拿这些烟锅烟枪来糊弄,有本事就去收拾那些鸦片贩子。

皇帝发话了,林则徐自然要转移作战目标和战场。他要求洋商们交出所有鸦片，还发了份照会，警告英国商人不要想像以前那样糊弄大清官员，必须老实交出鸦片，并且不许再经营。

林则徐的照会一来，在广州做生意的洋人看了立刻想到的是又要保护费了。于是聚集在一起，商量要拿出多少钱来摆平。在此之前，洋商们一直都没遇到林则徐这样的，一时摸不清对方的来意，和他们打交道的清朝官员除了钱就是钱，这个林则徐是真要钱还是真不让做买卖了，打算先观察观察，就回复林则徐说要用七天时间商量商量，希望能通融一下。

林则徐被英国商人的怠慢给惹火了：敬酒不吃吃罚酒！那好，就让你们知道本官的厉害吧。

林则徐查清英商颠地是"拖延战术"的主要智囊，立刻派人前去捉拿。派去的人是拿了英国人的钱的，让他明着去抓人是不可能的，于是就暗地里耍了个滑头，说是"召颠地入城"。英国人不明就里，把客气当福气，还不知天高地厚地要求林则徐承诺一天内放颠地回来。

林则徐自然不会答应这个请求，马上抓了两个买办（外商经理人）到英国人那里示威。

这下英国人才明白事态严重了，这个大清的钦差是来真的，一时间竟不知所措。想来想去，还是觉得这事应该让政府出面解决。于是，商人们就向英国政府求救了。

英国政府接到商人的求救信后，马上派商务总督义律来解决问题。

在中国人的印象里，义律和贩卖鸦片的英国商人是一丘之貉，其实，义律对本国商人贩卖鸦片的行为是坚决抵制的，但现在是为了保护本国人的基本权益，所以，在与林则徐打交道时，站在英国商人的立场上也无可厚非。

为了安抚那些英国商人，义律来到商馆，还没来得及说自己是代表政府来的，外面的林则徐就派兵把商馆给围了，下令所有为英国商人服务的中国人全都撤离，然后又断水断粮，并严令禁止任何人与英国人接触。

义律一看这架势，这哪里是讲理？分明是要把人活活逼死。他不敢怠慢，马上给林则徐写了封信，大意是威胁说如果再这样做，难保两国不会打仗，还是心平气和谈判为好。

林则徐哪里把小小的商务代表放在眼里？双方都以武力威胁对方，但又都不惧怕对方的武力，只不过义律是嚣张但有底气，毕竟英国的武器已经走过了冷兵器时代。

总体而言，林则徐没直接进去把洋人杀掉，已经是非常客气了。至于他不这么做的原因，不是不敢，而是想展现泱泱大国的风范，表达天朝对这些外夷宽宏大量的姿态，毕竟那些夷人不远万里来中国也不容易。

不说林则徐怎么想，义律那边被断水断粮也受不了，再加上搞走私本就理亏，于是跟英商们商量能不能把鸦片全部上缴，这些商人也觉得憋屈，保护费交了，允诺也得到了，在海上接他们进入中国的不是官员就是水师，这都是堂堂政府里面的人，怎么现在反倒来说他们是走私呢？现在怎么说变脸就变脸呢？对于交鸦片，自然有抵触情绪。

义律担心商人不愿意交鸦片，也耍了个滑头，说："你们这些鸦片损失将由政府来处理。"英商一听乐坏了，这等于是把鸦片送给中国人，再从英国政府那里拿钱，当然是十二分的乐意，不过他们也知道义律是在打官腔，他本身也没那么大的权力给赔偿问题打包票，于是又集资给一个马上要回英国的商人，让他到议会去帮忙说一说。

当林则徐下令收缴鸦片时，义律竟然未请示伦敦，也没有和林则徐进行任何讨价还价，就命令英国商人交出了所有存货两万零两百八十三箱鸦片，并代表英皇承诺赔偿英商的损失。

林则徐于 1839 年 5 月 18 日收缴鸦片完毕，6 月 3 日在虎门沙滩上掘池开始销毁。中国禁烟运动取得了巨大的胜利，但胜利不代表太平，因为更大的麻烦才刚刚开始。

第四节　不对称的战争

虽然林则徐把收缴的鸦片都销毁了，但他也知道这只是完成了禁烟的一部分任务，还需要再接再厉，他没有意识到，国内鸦片消费市场的存在和官员的腐败是鸦片屡禁不绝的根源。不仅如此，他还觉得正该趁着硝烟胜利一劳永逸地解决鸦片问题，报答皇恩。

在琢磨了一番后，林则徐想当然地认为鸦片的根源在于夷人贩卖，只要堵住了这个源头，鸦片运不进来，自然也就没什么买卖问题了。

于是林则徐提出让英人出具"甘结"，也就是写保证书，禁止"一切来人"进行鸦片走私，否则一经发现，"货尽没官，人即正法"。这甘结的有趣之处是带有中国特色的连坐效应，林则徐要英商不仅对自己的船负责，还要对别人的船负责，不仅对英国人负责，还要对所有国家的人都负责。

林则徐觉得义律是这帮人的头头，就把他找来，要他代表所有洋商签字。义律告诉林则徐："我不能代表那些英商，就算英国国王也代表不了他们。"

林则徐一听又怒了，普天之下莫非王土，率土之滨莫非王臣，

这不是存心忽悠人吗？于是就斥责义律胡说，作为国王不能代表子民，那当国王还有什么劲？蛮夷之邦就是不可理喻。

这样一来，双方又是鸡同鸭讲。义律死活不签，最后全体英商撤出虎门，到葡萄牙人的地盘澳门交易去了。林则徐觉得这事不能就这么了结，于是发文命令义律要么回来签署甘结，要么从此滚出中国，永不再来。

既然双方谈不拢，林则徐想着也没有谈下去的必要了，于是又来了个遣散华工、断水断粮。这下义律是真的受不了了，觉得只有打一仗才能解决问题。而这时，英国议会也在讨论到底要不要跟中国开战的问题。支持和反对的双方就出兵与否在议会里吵开了，吵到最后，开战的观点占据了上风，觉得对付大清这样一个国家，讲道理是行不通的，就应该先打一顿，然后再按照大英帝国的规矩谈判。

不仅议会在为战争与否进行争论，英国社会也卷入了争论之中。战争是要动枪动炮的，也是需要花纳税人的钱的，英国民众当然关心了。支持对中国开战的不仅仅是和鸦片有关系的人，还有其他商业领域的从业者。

到最后议会投票结果支持战争与反战的票数比为271：262，九票之差，战争打响。

林则徐虽说不断地吓唬英国人，其实内心也不想打仗，一个直接的原因就是对道光皇帝的了解。那个小家子气十足的皇帝，过日子都精打细算，再跟他要钱打仗，那就跟要了他的皇位差不多。但英国人死脑筋不开窍，无论自己怎么恫吓，就是软硬不吃。看来，仗不打不行了。

要打仗，就要有所准备。林则徐不是书呆子，他在两方面做了准备。

首先,是加固海防。而海防加固的重点就是虎门。林则徐下令在海面狭窄之处,安装了两个粗大铁链连成的木排,这样一来,英国人的军舰就进不了虎门。然后,又增建了六十丈平面大炮台一座,安放了大炮共六十座。这在林则徐看来,虎门应该是坚不可摧了。对付英国小丑,那是绰绰有余。

如此大的工程,花费自然不少。林则徐不会傻到去跟道光皇帝报销军费,而是直接摆出了官威,让广州的行商们认捐,也就是自愿捐钱。这样的做法,一则让那些和洋人做生意发财的商人们有机会表达一下爱国心,再一个好处就是不让道光心疼钱,也就不会来干涉自己的战备工作。

其次,就是招募水勇。林则徐是当过总督的人,知道大清的军队不管是八旗兵还是绿营兵,都已经不是打仗的料。要备战,还得重新招人。广州靠海,渔民有的是,而且身体也强壮,是当兵的坯子。但让老百姓主动出来当兵,可不是依靠行政命令就能解决的事,是必须花钱的。于是,林则徐又让商人们爱国了一回,捐钱作为饷银,以每人给月费银六元,赡家银六元的价码,新招收了五千水勇。

在林则徐看来,打仗还是和大清打天下一样,开始双方先慢慢用武器招呼,然后走上去,士兵们拿着大刀乱砍,谁最后剩下的人多,谁就赢了。而且大清和英国人的战争还是局部战争,主帅的智谋都用不上了。所以,自己有这样的预备,这场仗肯定赢了。

作为当时世界上第一的军事强国,英国却是真的在为这场战争做准备,几乎所有的人都参与到了战争的讨论中来,尤其是那些商人,对于如何与大清开战,怎样打最有效,以及如何收拢大清普通民众的人心,都有切实可行的建议。他们认为广州离北京太远,这里打仗就是打赢了,也没什么用,应该到北京去,直接跟大清最

高领导人道光谈判。于是,英国舰队根本就没在广州停留,开始沿海岸线北上。

英国人这一招的确高明,因为大清其他地方的官员都抱着看热闹的心态在看林则徐怎么表演,没想到英国人不找林则徐的麻烦,却来找自己的麻烦,结果几炮打过来,沿岸地方防务全都报销,浙江定海失陷,全国震动。

定海失守,大清震动了。这可不比广州,这是长江的入海口,丢了定海,进入长江的大门就算打开了,如果不赶快想办法,大清将永无宁日。

林则徐接到浙江巡抚的通报,知道定海失守跟自己有关系,为了撇清责任,他马上向道光皇帝打报告,说定海失守完全是地方上长期疏于战备的责任,才让英国人轻而易举地攻占了,如果都像广州这样时刻做好防备,英国人就不敢交战了。最后,林则徐还安慰道光皇帝,英国人的腿脚伸不直,一上岸就没用了,等到他们上岸,老百姓拿菜刀就能干掉他们。定海周围能聚集的老百姓有十多万人,还用怕吗?

看了林则徐的报告,道光气大了,想这都什么乱七八糟的?英国人都到了定海,他却还在这里说他们腿脚伸不直;要是伸直了,那北京不就完了?自己让他在广州禁烟,办理通商事宜,他却弄出这么大的事来,现在不但不承认错误,还如此狡辩,真是可恨!说英国人不敢在广州和他打,他怎么不敢追着英国人打呢?道光皇帝此时是再也不相信林则徐了,他马上下诏把林则徐训斥了一顿。

林则徐接到皇帝的训斥信,连忙又给道光上书,先自我批评了一番,然后请求到浙江去戴罪立功。他担心道光皇帝决心不够坚定,又出主意说英国人没什么可怕的,只要拿出三百万两银子来造炮船,打败英国人轻而易举。如果这个时候退缩了,不仅前功尽弃,还会让其他国家跟着学。

道光一看,越发生气,更何况还要花三百万两银子。他觉得这是林则徐在绑架自己,简直和英国人一样可恶。至此,道光皇帝对林则徐的好印象彻底没了。他下旨把林则徐撤职查办,回北京接受审查。

林则徐被撤了,但英国人不会撤,道光皇帝知道英国人会继续北上,心里倒不怎么害怕。毕竟越靠近北京,防守力量越雄厚,区区几千英国水军,还怕他们能搅翻天吗?眼看着英国人就这样如入无人之境般地来到了大沽,道光还不慌不忙地让直隶总督琦善按老规矩办,不管英国人干什么,统统让他们回广州去,想在这里办什么事,不行!大清的规矩不能坏!英国人要是不听招呼,就收拾他们。

在道光看来,在广州他没出钱就已经打败了英国人,如今在京畿重地,他有人有钱,难道还打不过这群英国人吗?

道光雄心勃勃准备看手下收拾英国人,琦善却不这么看。作为直隶总督,他对天津的防务了如指掌。道光皇帝吝啬过头,再加上财政困难,天津的防务早就是烂摊子了。作为直隶军政一把手,琦善觉得自己有义务把真实的情况告诉正处于情绪最高点的皇帝,让他冷静下来。

果然,道光一听天津防务无法挡住英国人,态度马上来了个大转弯:"那什么,不就是递一封国书吗?收了吧!也让我看看这帮不开化的夷人到底有什么要求,非要弄得枪炮齐鸣的。"

琦善接到道光的指示,马上派人去大沽,询问英国人有什么要求,义律见大清官员这次是真的来问为什么了,就把自己在广州的遭遇说了一遍,希望道光能秉公处理。其实,鸦片和遭遇都只是借口,英国人早晚是要与中国打这一仗的。同时,义律还写信给琦

善,要求琦善派官员来军舰上接照会。琦善对这些也看不明白,反正是道光要看,就全部矛盾上缴。

义律见琦善没有答复,担心又重复在广州、澳门一等就没下文的故事,于是让军舰分成六个小队,在沿海实施封锁。这样一来,琦善真的着急了,连忙上奏道光,把英国军舰描绘得神乎其神,生怕道光脑子一热,又要打仗。

道光看了英国人的照会,觉得无非是英国人在广州受了林则徐的欺负来找自己喊冤,多大的事啊?既然不满意林则徐,那就换个人去处理吧。于是,命令琦善说:"你去广州处理,让这帮夷人也回广州去听候处理,尽量让他们满意。"

琦善接到皇帝的命令,马上跟英国人接洽,说这里不是处理这件事的地方,还是回广州去谈吧,保证给他们做主。

英国人见大清终于答应了谈判的要求,觉得回广州也可以,只要不和林则徐谈,事情就有转机,就同意回广州。就这样,一群人又回到了广州,这次,由琦善顶替林则徐,跟英国人谈。

但和英国人进行外交谈判,这事天朝没人干过,琦善也不知道该怎么办,他能遵循的就是道光那个"不能有失国体,不能轻开边衅"的指示精神。

英国的谈判很直接,就是允许英国人在开放口岸有高度的自由。要求关税公开,广州的一些规定都要取消,给予英国最惠国待遇,不许虐待英国走私犯和给予英国领事裁判权。

这些内容对于大清政府来说,简直是闻所未闻,甚至根本就不知道是什么意思。琦善这样的官员只对审判谋反和皇帝不满意的官员这样的案子有兴趣,对于其他审判都不干预,他不明白英国怎么关心这类事情。至于开放口岸他倒是明白一些,那就是英国人不满足只在广州一地进行交易了。

琦善勉为其难地跟英国人谈了些日子,总算是把通商口岸增加和赔款两方面的内容谈下来,然后就向道光汇报。没想到,此时道光的心意已经改变了。他看到英国人被三言两语就从天津打发回广州了,其他之前被英国人占领的地方,如今也都已经退兵,便觉得英国人不是那么可怕。

再说了,林则徐不是说英国人不敢在广州和他开战吗?现在英国人就在广州,那就让广州的水勇教训教训英国人吧,免得以后又北上来闹事。于是,道光马上命令琦善:"不要再跟英国人谈判,英国人的条件一概不准。他们不是想打仗吗?那我们就陪他们打!"

琦善接到道光的命令,怎么也想不明白皇帝为什么又变卦了。但不管他怎么想,命令是必须执行的。于是,他跟义律打招呼:"不好意思,我们皇帝来信了,不跟你们谈了。"义律说:"什么意思?你这是要打仗吗?"琦善说:"打就打吧!"

义律知道不打一仗是不能让琦善知道厉害的,也不废话,命令舰队准备进攻沙角。琦善还想着以前林则徐吹嘘广州水勇如何如何,如果能多给英国人一点颜色看看,那么英国人或许就知难而退了。

没想到,义律一声令下,英国军舰开了几炮,沙角防御立刻冰封瓦解,别说还击了,连像样的抵抗都没有。义律对琦善说:"服不服?不服的话,我再拿虎门试试?"

琦善没想到广州水勇如此不经打,再问问广东提督关天培,虎门能不能守住?此时,关天培也是满脑门的汗,因为守虎门的士兵正闹着要赏银。

沙角一陷落,广州的兵丁就炸了营,这种打法,是有今天没明天。招募的水勇每天都有工资,凭什么他们那么好说话,不给钱也

要打？不行,必须给钱！于是,所有的兵丁都闹起来要赏银,说不给钱马上就散伙,不守虎门了。

关天培急得把家里的钱都拿出来了,但还是难以满足要求,只有向琦善求援。琦善看见虎门是这个样子,知道肯定是守不住的,只好再去找义律。

琦善马上跟义律商谈,答应让英国人在香港居住,对于赔款、割让香港和开放广州等条件都答应了。

让琦善没想到的是自己所争取到的最好结果,道光却一点也看不上。远在北京的道光怎么也不相信广州的水勇这么不经打,那一定是琦善不愿意打了。于是大发雷霆的道光马上把琦善革职抄家,并下令全国总动员,一定要打赢这场天朝的人民战争。

第五节 被战争改变的中国

道光知道这一次开战,必须动真格了,不能像以前那样,打一下,停一下,拖得那么长,到最后倒霉的还是自己。于是他开始从全国调兵,并委派了一员大将出征,这就是大清国宝级的将领、常胜将军、湖南军事长官、三等侯爵——老将杨芳。

杨芳在道光时期是战神级的人物,此时已经七十岁了。他十五岁就参军,能熬到现在这个职位,靠的是战功。可以说,只要他参加的战斗,只有胜,没有败！在道光看来,有这么一位人物出场,英国人的日子算是过到头了。

杨芳接到命令,觉得自己这把年纪了,还要去打仗,搞不好就把一世的英名都毁了。但皇帝的命令又不能不执行,总不能说自己一把年纪了,请皇帝另选人吧？再说,当时的大清没有退休制度,只要皇帝愿意,那就只能死在岗位上才算完。

接到命令后,杨芳不敢停留,马上出发。在路上,杨芳想,国与国之间打仗,都是有目的的,最大的目的自然就是改朝换代了。但英国人说他们打仗就是为了要同大清正当做生意,那就跟他们做生意好了,何必要搞得这么复杂?因此,杨芳在路上就给道光提了建议,希望道光能答应英国人做生意的要求。

道光接到杨芳的信一看,非常生气,他告诉杨芳:"你一个丘八(兵,含贬义),管政府政策干什么?你的任务就是打仗,把这些洋人给我消灭了,其他的事你少管。"

杨芳见皇帝发火,立刻不作声了,觉得自己还是先到广州去看看吧。

湖南和广东挨着,又是要打仗,杨芳以急行军的速度赶到了广州。广州军民一听说老将军来了,无不欢欣鼓舞,认为这下有盼头了。道光也想着赶快打一仗,他告诉杨芳:"不要等北京的援军了,你全权负责,到地方就开战。"

面对周围叫嚷的开战声,杨芳倒沉得住气。从拿刀砍人到现在指挥别人拿刀砍人,境界是不一样的。如果自己只想着砍人,那还能当上三等侯吗?当三等死鬼还差不多。杨芳没有理睬大家要打仗的要求,而是去了解情况,看看这些夷人到底是怎么回事。

杨芳到了炮台,看了看被英国大炮轰炸后的情景,又问了问当时两军交战时英国军舰所在的位置,立刻就明白这仗是打不赢的。回到城里,他立刻去找林则徐,向他请教作战方法。

在杨芳看来,林则徐给道光的报告中一直主张武力教训英国人,还打了那么多的胜仗,办法一定是有的。但林则徐的反应让他失望了。林则徐不但说不出怎么和英国人打,连家人都送出了城,而他自己除了口号就是口号。

杨芳绝望了,知道这下自己几十年攒下的名声要彻底完了。

道光哪里知道杨芳的心事,他在京城也整不明白为什么英国区区几千人就能在大清境内横行无忌,而定海有好几万人,却毫无办法。他想来想去,觉得可能是自己太吝啬了,要知道重赏之下必有勇夫。于是道光决定大方一回,拨了三百万两银子交给杨芳,鼓励他打好这一仗。

名声、钱、皇帝的督促,再加上随后集结在广州的各地士兵,杨芳已经是箭在弦上不得不发。杨芳明白如果自己打不好这一仗,老命算是报销了。关天培不就殉国了吗?大清对武将的铁律是赢了有爵位,输了就杀头。杨芳可不愿意在自己古稀之年挨上一刀。

杨芳到底是老将,他马上开始忙碌:加固城防,铁索横江,准备桐油,一切看上去都非常职业。但接下来,杨芳的命令就让人看不懂了,他竟然下令让人收集女人用的马桶。

一帮跟着学的人问老英雄,这是什么意思?杨芳说:"你们不懂了吧?知道夷人为什么和我们相距那么远却能轻易地用大炮打我们?那是因为夷人有妖法!知道怎么对付妖法吗?那就是女人的马桶。"

当然,光有空马桶是不够的,里面的那些排泄物也是必需的。杨芳这一刻不是军事统帅而是茅山道士了。手下人不敢怠慢,连忙按照他的要求去做。一时间把广州城弄得鸡飞狗跳,广州的女性都不知道自己用了那么多年的破马桶竟然还能杀敌。

等到女人的马桶收集得差不多了,杨芳就把马桶放在竹筏上,顺流向英国军舰飘去。英国人被这阵势吓坏了,还以为中国人有了什么新式武器。等到派人到近前查看后,才明白是怎么回事,一个个嘲笑大清的士兵不做正事。

杨芳的表演没有结束。他带来的江西兵在防守炮台时,因为不懂打白旗的规矩,把前来要求会谈的英军士兵给打了,占了一次便宜。杨芳大喜,立刻向道光表功,还表了一通与广州共存亡的决心。就这样层层欺骗,把道光忽悠得立刻高潮了。

道光看到这封报捷信,心里别提多高兴了,觉得自己这次总算是派对了人。于是他也安下心来,然后派自己的本家侄子奕山把各路大军在广州聚齐,以为如此就能彻底了结这档子破事。

奕山这时也在加紧往广州赶,在他看来,有杨芳出马,战事应该不会拖得太长,自己应该只是去清理战果的。说起来奕山也是正统的皇族,他的曾祖父就是有名的大将军王允禵,但到了他这一辈,祖辈的荣光早就消磨殆尽了。作为大将军王的后代,奕山一直都在军界里混,但打的仗一个手指头就数完了。

这样的人放在今天,也就是个实习军人,但谁让别人出身好呢,自然升官露脸的事就归他了。现在道光皇帝想到要和夷人开战,这样荣耀的机会,就留给自己的亲戚吧。

奕山领命出发时,还是斗志昂扬的。在他看来,英国人就几千人,还是远道而来,自己手上好几万人,后勤都很齐全到位,这仗要是打不赢,也就没什么仗能打赢了。但他走到一半,就遇到了好几起从广州到北京送奏章的,不是琦善屈服,就是杨芳请求别打了,竟然没一个好消息。这下奕山有些担心了,连杨芳都搞不定,自己能行吗?

奕山边走边想,走到佛山,终于被他想到了一个人——林则徐。想当初林则徐在皇帝面前是夸下海口的,还说英国人不敢在广州和他开战,林则徐往北京报捷的报告自己也看过,除了胜仗就是胜仗,那他一定有对付英国人的办法。于是,奕山就让人请林则徐来佛山面谈。

不知道林则徐是怎么想的,先前他跟杨芳说自己没办法对付英国人,现在见了奕山,却一连献了好几条计策。但奕山参谋了好

久,发现不是不实用就是远水救不了近火,只有派间谍打探消息勉强可用。

虽然这个计策可用,但奕山却不用。因为道光需要的是光明正大的讨伐,这些偷偷摸摸的伎俩在他看来,和天朝身份不配。最后,奕山和林则徐商量了半天,决定用火烧赤壁的办法,以火攻取胜。

奕山好容易想到这个办法,还不能让道光满意,因为道光喜欢真刀真枪,觉得面对面杀敌才过瘾,要让那些夷人害怕,以后再不敢来中国胡闹。

更让奕山烦心的是,那些自己从外地带来的兵,听说广州的水勇靠杀夷人领赏领得手麻了,一个劲地嚷着要和英国人开战,要收复被英国人占领的香港。这样一来,奕山就是想坐等英国人退兵,也是不可能的了。

这时,义律也给奕山送来了照会,询问是打还是谈?奕山当然不敢打了。他让广州知府去见义律,传达自己的意见:"我听皇帝的。皇帝说怎样就怎样,在皇上回话前,我们就这样维持着吧。"

义律见奕山把责任推给皇帝,就问广州知府这个领兵将军自己是什么意见?要是皇帝命令签的条约无效怎么办?那就只有打仗了?

广州知府也不想打仗,他说:"皇帝的命令必须遵守,到时真要打仗也不是不可以,但可以不在广州打。这样,皇帝的命令也遵守了,贸易也没有被破坏。"

义律觉得大清的官员真是世间的奇葩,但这也是他想要的结果,战争无法避免,贸易又不中断,这就是以战养战啊。义律马上和舰队司令商量,两人都认为这办法可行。但要让大清皇帝服软,现有的兵力肯定不够,必须趁这个机会到印度去调兵。于是两人分工,义律留下保护贸易,舰队司令到印度去调兵。

一个月后,道光的宣战令终于来了。奕山知道自己这回躲不过了。好在这一个多月,他已经做了充分的准备,武器已经准备好,那些要打的士兵也都急不可耐了。于是奕山决定冒险打一仗,说不定自己能打赢呢?

奕山以为自己聪明,却忘记了大清和英国已经不属于一个时代了。面对大清拙劣的用兵,义律只从广州居民蜂拥跑出城的反应就知道奕山偷袭的时间,根本就不用去侦察,早就严阵以待了。于是英军大炮一响,奕山的几路大军,包括精心准备的火器没派上一点用场就溃散了,还搭上了无数人命。

英国人打垮了奕山的部队,就要准备攻占广州。奕山见英军来真的,连忙请求停战,还让义律开出英国军队受损失的清单,说自己照赔。义律当然明白这是奕山的缓兵之计,懒得理会,知道这次不打疼他,他是不会就范的。

广州的防务在英军的进攻下立刻瓦解,外省军队这回知道英军不好惹,纷纷向城外逃窜,逃跑时本性自然也露出来,那就是抢劫。整个广州城乱成一片!

奕山实在没办法,只得打白旗求和,答应了赔款等一系列条件,奕山的第一次独立领兵算是遭到了重大的挫折。

安抚了义律,奕山想着该如何向道光交差,他给道光打报告,诉说了和英国人交战的艰难,虽然没说自己打败了,但却说以现在的实力,要想打败英国人是很难的。一直都在做胜利美梦的道光终于明白自己所要面临的对手恐怕是今生都打不赢了。

道光软了,英国人却硬起来。英国政府见义律搞这么久,还没和大清皇帝见上面、说上话,就把义律给撤了,换上了璞鼎查来接管一切。

璞鼎查一上任就说："我们还是去北京,不在这里玩了。"于是大队人马浩浩荡荡北上,没多久,就进入长江,从入海口杀起,一直打到镇江。沿途不管是坚持抵抗的,还是要逃跑的,统统扫荡干净。

仗打到这个地步,道光才发现自己千挑万选把一批所谓的能人猛将送到前线,结果还是不行,倒是这些派去打仗的官员都异口同声地向自己报捷,就这样一路胜利胜利再胜利,前进前进再前进,突然不知怎么回事一下就失败了,而且夷人已经到了镇江,事关大清国运的漕运被封锁,再打下去,大清就完了。

这下道光终于屈服,宣布不打了,谈判!然后就是大家签条约。以前大清不想答应的事,现在全都答应了。大清官员想到这些,就气不顺。但不管怎样气不顺,输了就是输了,除了乖乖签字、割地、赔款,也想不出别的招数。

顺便一提,现代人讲割让香港岛是丧权辱国,但其实道光当时用的词叫"暂行赏借",也就是说,道光皇帝等大清官员,甚至子民,都从不承认把香港岛给割掉了。都被打成猪头了,还时刻不忘天朝上国的威仪,认为讲"割让"是对前清先帝莫大的侮辱。而中国鸦片战争支出的战费比英国人还高三倍,这里面有多少钱是正儿八经花在战争上的,还真没人能说得清。

《南京条约》的签订,使大清真正开始与西方进行接触,而西方列强对于英国能和大清签订不平等条约攫取利益,那叫一个羡慕嫉妒恨,马上就跟着来趁火打劫。美国第一个跳出来,找到大清谈判代表耆英,说大清不能只和英国签,也必须跟我们签。耆英想着人家来都来了,又都是西洋人,要求是签约,不是打仗,那就签吧。于是就在厦门望厦村与美国签订了中美《望厦条约》,除了英国所要求的割地、赔款之外,美国不费一刀一枪,就取得了英国在《南京条约》中的全部权益，同时，还特地增加了一条片面最惠国待遇——只要大清以后和别的国家签订条约时所给予的待遇，美国同样有权享受。自然，这一条约被英国获知后，也同样要求大清一视同仁，给予英国片面最惠国待遇。

英国在欧洲的对头法国也不想英国独占便宜，因此，马上开着军舰来到中国，在广州黄埔强迫大清签订了中法《黄埔条约》，条约除得到英国在大清所享有的待遇外，又增加了一条，那就是允许在通商口岸建立教堂，而且大清政府必须保护教堂的安全。

第一次鸦片战争之后，中国其实完全没有意识到英国人的军队到底有多厉害，很多未参战者，包括皇帝，还觉得双方实力其实相差无几，只不过胜败乃兵家常事而已。在他们眼里，原本清军是一直胜利的，只是最后不知怎么搞的突然一下就失败了，是自己运气不好。但事实上，他们在心里还是瞧不上英国人的，再加上清政府也不能对民间说朝廷是惨败，因此，虽然英国人提出要"平等"，但在很多清廷官员和普通百姓眼里，蛮夷依旧是蛮夷，就是让他们来到中国，中国人也依然是老大。这种思想在广州尤其明显。许多广东人一直认为不是我打不赢英国人，而是朝廷里出了奸臣，比如琦善。要不是道光发昏，撤掉了林则徐，这仗就打赢了。不然，英国人怎么就不敢在广州和林则徐打呢？

这种僵化的思维一直存在于中国人头脑中，使得经历了一次惨败的中国人一直没有接受教训。

第六节　磨磨蹭蹭的皇位继承

道光是清朝中叶一位没有什么作为的皇帝，但他却处在一个激烈的社会变革时期，从历史的年代表上看，他是中国古代社会

的最后一位君主,也是近代中国社会的第一位君主,在他之前,中国封建社会已经走过了两千多年的历史,而在他之后,中国开始沦为半封建半殖民地国家。可以说,道光是中国近代苦难历程的开端。

作为皇帝,道光可以说各方面都比较失败,在经历吏治问题以及鸦片战争后,又一个考验道光智慧的问题来了,那就是如何选一个好的继承人。

道光二十六岁时,看上了在他身边照顾他生活的宫女,就把她收为妃子,两人生下了皇长子奕纬。本来妃子所生的皇子并不稀罕,但后来道光和皇后生的两个儿子都死了,以至于奕纬成了道光唯一的儿子。这样一来,皇位非他莫属。

为了让儿子成为合格的继承人,道光对他要求很严,可是奕纬的天资太差,学什么都不行,虽然道光多次训斥,但还是没有什么长进。等到了奕纬十四岁时,道光想,是不是结婚了,就会好一点?于是就张罗着让他结婚。道光大概想,要是奕纬能生个像样的儿子,他就是不成器也算了。

就在道光一心想着抱孙子的时候,奕纬又让他失望了,结婚八年,他竟然没生下一个孩子,别说男孩,就连女孩都没有。这让道光非常恼火,觉得自己这个儿子真是不中用,连生孩子这么简单的事都做不来。

大清对皇子的教育一般来说,都是非常严格的,在奕纬十七岁时,道光就让他到宫里条件最好的撷芳殿居住。道光用心良苦,想着如果奕纬住得舒服了,就应该会用心念书了。但是奕纬天赋很差又不用功,加上授业解惑的老师也缺乏耐心,性子比较急,所以,师生之间的关系不那么融洽。有一次,老师又因为奕纬读书不用功而教训他,说现在不好好念书,将来怎么能治理天下?话是好话,但奕纬一听就烦了,马上说:"我要做了皇帝,第一个就先杀你。"这下老师吓坏了,教皇子教出仇人来,不行,必须告诉皇帝,马上换人,这活自己干不了。

老师把这情况跟道光一说,道光听了非常生气,立刻命人将奕纬叫来。奕纬不知道老师打了小报告,刚要跪下给老子请安,怒火中烧的道光帝跳起来就是一脚,正中他的下身。奕纬马上就躺倒在地,不省人事,太监们吓坏了,连忙将奕纬抬回撷芳殿医治,可是奕纬素质太差,没几天就连惊带吓死了。死时年仅二十三岁。当然,这只是老太监回忆录中的一种说法,一个传闻。

道光也没想到自己那么一脚就把自己唯一成年的儿子给弄死了,十分后悔,但后悔也无用,只好用心教育剩下的几个未成年的儿子。

在剩下的几个儿子中,年纪大的是四皇子奕詝和六皇子奕訢,这两个孩子的智商和能力,旁人一看就能分出高下,那就是六皇子奕訢无论在哪方面都要高出四皇子奕詝,而且四皇子奕詝没妈,是六皇子奕訢的母亲把他抚养大的。所以,兄弟两人的感情很好,读书习武都在一起。愚笨的人就怕有个参照物,两位皇子的老师一对比,就能分出谁行谁不行,而作为他们的老爸,道光自然也明白。按理说,选哪一个当继承人,应该很好选择。但道光偏偏在这个问题上犹豫不决,不知道到底选哪一个为好。

为了选出称心的太子,道光也是做足了功课,他抓住机会,从各个方面对两个儿子进行考察。有一年春天,他命皇子们随驾到南苑围猎。打猎对于大清皇族来说,不是什么稀罕事,道光也想借这个机会,考察一下两个儿子的武艺。

在这次打猎活动中,奕訢显示出较强的武艺,在所有王子中,他获得的猎物最多。而奕詝却只是站在一旁看热闹,连弓都没拉

开,不仅如此,就连他的手下也没有捉到一只猎物。

大家来向道光献上猎物时,看见奕詝什么都没有,就问他怎么回事?奕詝说:"现在是春天,正是鸟兽万物孕育的时候,所以我不忍心伤害它们,也不愿用这样的方式与弟弟们竞争。"

道光一听,非常高兴,赞叹道:"这真是具有帝王心胸的人说的话啊!"

其实,这都是奕詝的老师杜受田教给他的。从那时起,奕詝在道光心目中的分量就加重了。但仅仅只看这一点,道光还是不放心,于是又分别见两个儿子,询问他们对国家大事的看法。

奕詝又去问老师,说:"到时我该怎么回答?"杜受田心想,要比智商,他肯定不是六王的对手,现在现教,也教不会了。于是就告诉奕詝:"到时皇上问你,你什么都不要说,就跪在那里哭,最后就说自己为父亲的身体担心。"

等到见了道光,道光问什么,奕䜣都回答得有条有理,深得道光赞许。再问奕詝,他就按照老师教的那样,趴在那里哭,说自己因为担心父皇的身体,此刻心乱如麻,不知道该说什么才好。

这下道光对奕䜣的好印象全没了,只觉得奕詝天性纯孝,而大清又标榜以孝立国,因此,他决定立奕詝为自己的继承人。但是奕詝和奕䜣相比,差距是明显的,立奕詝为继承人,如何安排奕䜣呢?这又开始让他费心。

可以说,道光晚年几乎没做什么事,就在那里计划两个儿子的事,最后到了他要归天的那一刻,他把大臣和两个儿子都召集到跟前,打开自己写有遗嘱的小匣子,当众宣读遗嘱。一般遗嘱就是说明谁继承自己的皇位就可以了,但道光的这份遗嘱却很出奇,他不仅宣布奕詝为新皇帝,还加封奕䜣为亲王。

至于道光为什么要立资质平平的奕詝而放弃了聪明的奕䜣,

也许在道光看来,奕䜣霸气外露,凡事都要争第一,这种人不是不能当皇帝,但他真当了皇帝,可能就容不得跟他争过皇位的奕詝了。那样,皇室内部残杀的故事,又会上演。因此,几经斟酌,道光还是决定把皇位传给奕詝。

第九章

苦命天子
——想奋起却有心无力

奕詝即位,改年号为咸丰,从历史上看,咸丰即位,几乎就没过上什么舒心的日子,被称为苦命天子,这也与他的资质有关,但处于王朝命运变革时期,咸丰获得的评价,或许不那么公正。在执政初期,咸丰所表现出的干练和果断,还是可圈可点的。

第一节 别瞧不起哥,哥不是传说

咸丰即位,是非常想有一番作为的,但他光想没有用,得把手下大臣的积极性调动起来,只不过大臣们却瞧不上这位皇帝。为什么?说白了,就是没有人君之像。在大清,选个官都有仪表标准,也就是说长得不好看,想当官是不可能的。大清的皇帝到了道光这里,仪表就开始走下坡路了。道光长得像瘦猴,嘉庆看了,都觉得不舒服,要不是嘉庆突然死亡,或许皇位就不是道光了。而现在的咸丰,更拿不出手,因为他的脚有毛病,是个跛子,更何况在与奕䜣的对比中,明显不占上风,大臣们也意外道光为什么会选他即位。

大臣有了轻视之心,自然就不怎么把皇帝放在眼里,觉得跟着他也就是混。皇帝爹都不能把他们怎么样,这个跛脚的儿子又能把他们怎么样?大臣们是这样想的,也是这样做的。只不过却低估了咸丰这样一个青年天子的决心。

当政没多久,咸丰就遇到了一个展示自己权威的机会——科考案。科考,就是科举考试,也是为国家选官员的大考。明清以来,科考是国家最重视的选才大典,别的方面什么问题都可以出,就是科举考试不能出问题,因为全国读书人都看着呢。但看着有什么用?谁都知道科举考试关乎一个人一辈子的前途,不在这上面捞钱,到哪去捞钱?因此,科举舞弊案年年有,但到了咸丰这里,或许是大臣想考验咸丰的底线,直接搞鬼搞到他眼皮底下了,在顺天府出了问题。

这件事说起来也不复杂,首先,它不是最高等级的进士考试,而是举人资格考试,其次,是一次地方考试,而且问题说大也大,说

小也小,是一位叫平龄的人考中了举人而引发的问题。这人不出名,但也不是没资格当举人。只不过考试是千万读书人的梦想,当了举人,就可以参加进士考试了。于是很多落榜的人,就拿着放大镜考察那些上榜的人,一看就看出问题了。

这个平龄是个票友,喜欢唱戏,而且还亲自登台唱戏。落榜的读书人可不管你是不是票友,直接说平龄就是个唱戏的,按照大清的资格认定,他不能参加考试。现在他却能中举人,那一定是考官受贿了。考官是谁?大学士柏俊,也就是宰相一级的人物。落榜的考生为了自己的权益,是闹事不嫌事大,直接就把柏俊给告了。

咸丰正想找个机会为自己树威,一看,又是国家最重视的科举大案,马上命令彻查,还特地组建了以怡亲王载垣、郑亲王端华、兵部尚书全庆和陈孚恩为首的最高级别的调查组。调查组进行一番调查后发现,平龄的身份没什么问题,就是试卷有问题,因为他的卷子里竟然出现了七个错别字,这样的水平当秀才都不合格,怎么能中举人?再往下查,越查问题越大,竟然在已经录取的三百名举人当中,查出了五十名考卷有问题,其中有一名考生的考卷第一场和第二场有天壤之别,完全不是同一个人的水平。很明显,这是请了枪手。这还不算完,竟然还发现"公务员"当中因为没有文凭而参加考试的一个考生竟然通过行贿的手段,也获得了举人资格,而行贿就牵扯到了柏俊。

面对这样一件大案,咸丰大发雷霆,明确表示要严惩。对于其他参与科考舞弊案的人,处理得很顺利,但如何处理柏俊却成了一件麻烦事。因为柏俊官太大,而且这次当主考,只是因为要升迁进军机处,在这之前闲着没事干,特地申请当主考的,舞弊案是他的家人瞒着他进行的,他又没有犯太大的错误,怎么处置呢?

负责量刑的刑部官员也很为难,就按照惯例,来个矛盾上缴,让咸丰决断。又想着柏俊是大学士，和咸丰有过师生情分，于是提醒他说柏老这个人一向做事很稳重，从没犯过什么错，现在只是对下人管束不严，所以可以考虑从宽。

咸丰当然也有放老师一马的想法，于是就询问大臣们的意见，就在大家还没发表意见的时候，柏俊的政敌肃顺抢先发言，说科举是国家取士大典，关系重大，必须严惩，柏俊这人，一定要杀。

听了肃顺的话，咸丰无法为老师开脱，最后下决心说那就杀吧。大学士柏俊就这样走上了刑场，成为大清第一个被杀的大学士。

杀柏俊，显示出咸丰这位青年皇帝的果敢和决绝，也让大臣们认识到面前的这位跛子皇帝和他爹不一样，要是以后不小心惹到了他，真的只有死路一条。于是个个打起精神，开始认真伺候起咸丰。而咸丰如此严厉处置科考舞弊案，也使得大清后期的科举一直到亡国，再没出现大的舞弊案。

第二节　天国争霸

道光时期打完了鸦片战争，签订了不平等的条约，一下子就给中国这个农业社会带来了巨大的负担，数额巨大的赔款是直接摊派在老百姓头上的，让本来就穷困的百姓更加穷困。因此，除了直接以武力反抗来改变现状外，寻求新的精神寄托也成为一个途径，最直接的反映就是基督教在中国传播开来，并且为一部分中国人所接受。谁也没有想到，一个叫洪秀全的落魄书生，能够利用基督教做了一件惊天动地的大事，那就是太平天国运动。

洪秀全应该不是读书的料，因为他书读得很糟糕，连秀才也没考上，虽说大清很腐败，但在科考上，倒没冤枉洪秀全。

有一次,洪秀全到广州参加考试,偶然在街上遇到一个中国传教士,拿到了他散发的一本有关基督教的小册子——《劝世良言》。洪秀全研究了一番,觉得这本书很有意思,就拿回了家。没想到,过了些日子,洪秀全却说自己是上帝的儿子,被派到人间斩妖除恶的,要当王。但这么一通说法,没几个人相信,只有他的姨表弟冯云山和族弟洪仁玕拜他做了教主,创立了一个有中国特色的基督教——拜上帝教。

有了组织,当然要发展教众了,但广东那地方的人知道基督教是怎么回事,自然不相信洪秀全是上帝的二儿子。所以,洪秀全就和冯云山商量,干脆去广西传教。于是,两人出发,离开家乡,到广西去。

一出门,洪秀全才发现口号容易喊,事不容易干,广西那么远,自己都不知道能不能走到,要是有什么意外,就不好玩了,于是就回去了。只剩下冯云山一人,继续进行着去广西传教的计划。

冯云山到了广西,那地方是典型的老少边穷地区,来一个读书人简直就是稀罕事。冯云山这样一个连秀才都考不上的人在这里就是高级知识分子了。冯云山这人没有什么架子,他和当地人一起劳动、生活,烧炭、拾粪样样都来,再加上识文断字,又聪明,看出广西客家人和当地人有矛盾,因此左右逢源,很快就打出了局面,也认识了此地几个有名的人物杨秀清、萧朝贵、韦昌辉和石达开。这些人很容易就接受了冯云山的传道,成为拜上帝教的骨干。

这么多人聚集在一起,鱼龙混杂。要不想个好办法,难免有人离心离德。冯云山确实聪明,他不自己当老大,总说真命天子是广东的洪秀全,这些人一看冯云山都这么有本事,那么远在广东的真命天子就更不用说了,所以,都死心塌地地加入了拜上帝教。

冯云山见拜上帝教这么有起色,应该让教主洪秀全露面了,不然教众都会认为自己在骗人。就给洪秀全写信，介绍他的成就，邀请他来广西。

洪秀全来到广西后，见到这么多服从自己的信徒，就想着要做一件什么事来立威。广西那地方能有什么大事可做？想到最后，决定先选个土地庙来拆。没想到事情没闹出什么动静，反倒把官府惊动了。官府立刻出动，抓住了冯云山。洪秀全没见过这阵势，想着先离开这地方再说。于是吹牛说自己认得两广总督，去找他通融通融，然后就跑了。

洪秀全跑了，冯云山被抓，整个拜上帝教一连几天没了主心骨，立刻乱了套，大有散伙之势。机会是为有准备的人预备的，这个时候，杨秀清的能耐就显出来了。杨秀清一看，原来所谓万能的上帝也有不能的时候，既然靠不了上帝，那就靠自己吧。但此时联系这一帮人的纽带就是上帝，要想办法，还必须借助上帝这个名头才能维系众人之心。贸然说上帝不管用了，那么一些意志不坚定的人就会离开。聪明的杨秀清就利用当地常见的迷信活动——神仙附体来假装上帝附体，这样一来，大家一看，上帝在自己身边，还有什么好怕的？情绪就安定了下来。于是，杨秀清就成了大家的主心骨。

在杨秀清的主持下，很快就把冯云山救了出来，然后又把洪秀全请回来，大家决定，既然上帝在帮自己，他们也不能这么混日子，要造一个天国出来，大家过好日子才行。1851年初，洪秀全在金田宣布起义，带领大家建立幸福的太平天国。

太平天国成立不久，就和前来镇压的清军干了几仗，这时，洪秀全周围能打仗的人太多了，大意的清军全部被打败。这一下，洪秀全得意了，觉得不能一直在金田这山沟里待着，要出去闯世界，于是带着人马来到了县城武宣城郊的一个村子——东乡。在这

里,洪秀全也没闲着,他迫不及待地建立制度,自称天王。体制建立起来,自然不能在小村子里待着,于是洪秀全又命令全军进发,终于攻占了一个大县城永安。

从农村到城市,从农民变成了城里人,洪秀全马上分封诸王,修建天王府,给自己选了三十六个女人。他想享福,大清的官兵却不允许,开始从四面进行包围。洪秀全和大家商议,广西这地方不能待,大家到湖南去。于是全军开拔,到湖南去闯天下。

湖南可以说是洪秀全的伤心地,还没进入湖南,就赔进去一个南王冯云山,到了湖南省城长沙,遇到了一个日后太平军的死对头左宗棠。面对太平军的进攻,左宗棠挺身而出,和太平军展开周旋。结果,太平军在湖南没有占到半点便宜,反而又赔进去一个西王肖朝贵,最后只好撤离湖南,进入湖北。

在湖北,太平军的军事行动总算有了起色,但不是他们有多棒,而是守卫湖北的清军太烂,一场像样的仗都没打过,就丢掉了省城武昌。洪秀全、杨秀清总算可以在这里喘口气,制定下一步的作战方略,那就是顺流直下打南京,要在那里建立小天堂。

洪秀全在武昌没怎么停留,裹挟了一大批民众成为太平军的作战力量,浩浩荡荡朝南京进发。这一路打过去,光气势就把清军吓得够呛,沿江守军是望风而逃,太平军没费什么力气就进入了南京,改名天京,并把两江总督府当成了洪秀全的王宫。

咸丰没想到自己治理的大清朝,一下子出现了这么大的乱子,要是不立即镇压,这太平天国还不知道要闹成什么样子。

第三节 皇帝、权臣、造反者斗法

在清军与太平军的较量中,大清的正规军完全是不堪一击,堵不住、追不上，完全成了一支护送大军，把太平军从广西送到湖南，又送到湖北，最后平安到了南京，其中，只有一支乡勇部队——楚军打过几次小胜仗，还打死了太平军的重要首领冯云山。咸丰没想到地方武装里还有这么能打仗的人才，想着要提拔这支部队的首领江忠源，没想到他却在一次战斗中牺牲了。

好容易发现一个将才，还没来得及使用就死了，这让咸丰无比郁闷，但也让他认识了一个道理，那就是靠政府军是靠不住的，只有靠江忠源那样的地方武装。咸丰下令，各地方的能人们，有钱的捧个钱场，没钱的出来效力，大家可以自行组建团练，只要把太平军扑灭了就行。

有了咸丰的命令，各地有能力办团练的人物都出来了，这里最出众的人物就是湖南人曾国藩。

曾国藩此时虽然官不大，只是礼部的一名中级官员，而且还回乡办丧事，可以说无职无权，但他名气大，尤其在北京当官期间，注重个人修养，成为读书人的楷模。这一次回乡丁忧，正好碰上了太平军作乱，眼见得官军无能，就觉得自己应该做点什么。

在当时，大清的老百姓对政府已经很失望了，觉得是到了改朝换代的时候了，所以，对于太平军不是很反感。曾国藩敏锐地发现了这一点，认为这样下去很危险，弄不好人心都要被太平军给争取了。于是，曾国藩就利用太平军崇洋信洋教的特点，巧妙地打出了捍卫中华文化的旗帜，一下子扭转了气场，让众多的读书人赞同他的思想，决心要和太平天国死磕。

要打仗，就必须有兵。既然咸丰允许办团练，曾国藩就利用自己的人望，开始在湖南招兵。很快，他就拉起了一支人马在长沙进行训练。曾国藩为了让自己的湘军与政府军区别开，特别强调了纪律，同时，还成立了纠察队，专门弹压不守纪律的政府军。

这下政府军不干了,想:"你一个礼部的官员,才吃了几天的军粮,就管起我们来了?"一些兵油子立刻拿起刀,堵着湘军的门,要曾国藩出来。湘军此时还没上过战场,见一群当兵的拿着刀,气势汹汹地堵着门,都不知道怎么办才好,曾国藩也傻了,躲在营房里不敢出来。后来还是湖南巡抚出面,把那些兵油子给赶走,算是保全了曾国藩的面子。

经过这一闹,曾国藩才知道在军界里混,靠圣人的道理是行不通的,不打几个胜仗,是没人服你的。于是曾国藩带着自己的湘军上战场了,想着打赢了再回长沙找回自己的面子。没想到,第一仗就碰到了太平天国里最能打的石达开,这还能讨到好吗?一仗打下来,湘军几乎全军覆灭。曾国藩也绝望了,这回干脆不用回长沙找面子了,就在这里把自己埋了吧,就要自杀。手下人好歹把他从战场上抢了回来,给他讲了一番重整旗鼓的大道理,才算是安定了他的心。

从此以后,曾国藩不再亲自和太平军打仗,只是作为湘军的统帅,发号施令,做好后勤和鼓舞人心的工作。没想到,这样一来,湘军反而走上了顺利发展的道路,越打越顺,接连收复了好几座被太平军占领的城池,大清声威重振。

咸丰见事情有了转机,全都是曾国藩的功劳,觉得这样的人不嘉奖,实在说不过去,上次错过了江忠源,这次不能错过曾国藩了。于是,提升曾国藩为湖北巡抚。不想,命令刚发下去,就有大臣提醒说,曾国藩现在无职无权,就能有这么大的声望,又是汉人,只怕这仗打完,就不好收拾他了。

一句话提醒了咸丰,觉得这还真是个事,马上又发一道命令,直接把曾国藩降为后补。曾国藩在前方,刚接到自己升官的命令,还没来得及高兴,降职的命令就到了,弄得曾国藩非常郁闷。想要撂挑子不干，但又想到自己肩负的保卫中华文化的责任，决定还是继续干。

大清这边皇帝和大臣扯不清，太平天国这边也不安宁。打下南京后，下一步的进军方略该如何？太平天国内部有了分歧，按照先锋罗大纲的建议，应该全军北上，直扑清朝的巢穴北京，在那里改朝换代；再不济也要扫清东南，占据半壁江山，决不能在南京停留享福。但洪秀全和杨秀清却不想再打下去了，在他俩看来，大清军队如此不堪一击，断没有力量来进犯南京，不如见好就收，在南京立国。于是，杨秀清又摆出上帝下凡的把戏，决定全军不走了，就在南京建立天国，并改南京为天京。

既然待在南京，就要找点事做。杨秀清接连派出两支军队，一支北伐，一支西征。北伐的军队完全是做做样子，但这支军队开始的时候倒是不可阻挡，一口气打到天津静海县，吓得咸丰都要弃北京逃跑。不过，这也是北伐军最后的气力，没多久，就被清朝军队反扑，节节败退，全军覆没，白白丢失了一支劲旅。

而西征却是太平天国的重要军事目标，领军的是太平天国最有才气的翼王石达开。在他的领导下，太平天国的西征军节节胜利，把日后最强劲的对手曾国藩打得找不着北，甚至连死的心都有。西征的完胜，让太平天国有精力和实力对付包围天京的江南、江北大营，并一鼓作气地将其击溃，太平天国暂时没有了危险，显露出一派向上的气象。

但是，好景不长，外部的威胁一解除，太平天国内部开始了争权夺利的斗争。本来在天京安顿下来以后，洪秀全就不管什么正经事了，除了写一些常人看不大懂的天朝宗教书以外，就是在王府内享乐。最喜欢做的事就是打女人和烧书。发布的最多的命令就是在天朝范围内把能找到的古代书籍全部烧毁。这一命令受到了

抵制,就连不大认字的杨秀清也看不下去,又玩上帝下凡的把戏进行制止。洪秀全别的不怕,就怕上帝下凡,于是收回成命,宣布成立教改处,把古书乱改一气。

在世俗生活上,洪秀全宣布全城禁欲,男女分开居住,哪怕是夫妻也不许在一起,搞得全城怨声载道,他自己倒是生活在女人堆里。这样的天国在常人眼里看来简直就是病态,而洪秀全却不管那些,觉得自己做的一切就是上帝希望的。

在社会生活上,倒是颁布了《天朝田亩制度》,说白了就是平均地权,但太平天国统治的地区本来就不大,几乎是今天占领明天就放弃,这样的制度根本就无法实现。闹腾了许久,最后发现还是维持现状最省事。

这些乱事好容易有了点头绪,大家开始放心享乐了。但人心不足,二号人物杨秀清想当老大了。本来洪秀全已把一切事物都交给他处理,自己只当名义上的一把手,但杨秀清却觉得自己明明比洪秀全强,为什么要把他顶在头上当爷?天国中他实力最强,他要当一把手。于是杨秀清接二连三地以上帝下凡为借口,找碴教训洪秀全,最后干脆命令洪秀全封自己也当"万岁"。

谁都知道天上是不能出两个太阳的,洪秀全当时忍气吞声地答应了,回到王府,一面敷衍杨秀清这个烧炭佬,一面发密信让在外面的北王韦昌辉回天京商议处理办法。本来就有野心的韦昌辉总算逮住机会,纠集了一些对杨秀清不满的人,趁夜杀进东王府,把杨秀清满门杀光,这还不放心,又使诡计,把杨秀清的部属两万多人全部斩尽杀绝。

迟一步赶回天京的石达开见天京自相残杀,血流成河,立刻指责韦昌辉杀人太多,杀红了眼的韦昌辉此时是"非我族类,其心必异",立刻又想杀石达开。石达开连忙逃出天京,然后又带兵往天京反扑,要求洪秀全杀韦昌辉。

看到自己众叛亲离,洪秀全也慌了,责怪韦昌辉杀人太没节制。韦昌辉气坏了:"老子为你干事,还受这个冤枉气?不干了!"韦昌辉挑动部属围攻天王府,准备拿洪秀全开刀,不想他的滥杀搞得人人自危,都觉得这人是个魔头,于是团结在洪秀全的周围,杀死了韦昌辉及其部属,整个天京城到此时才算是完结了一场内乱。

石达开回到天京,受到太平天国军民的热烈欢迎。此时,首义诸王就只剩下他和洪秀全,洪秀全除了享乐,别的不会,石达开文武全才,是太平天国第一流的人物,军国大事顺理成章要归石达开处理。不想洪秀全被杨秀清和韦昌辉整怕了,对外人不放心,觉得还是自家人保险,就提拔自己的两个哥哥当王,来牵制石达开。偏偏他的这两个哥哥是比他还不如的草包,拿着鸡毛当令箭,把石达开整治得无法做事。石达开觉得在天京再待下去,小命都不保了,干脆走得了。于是石达开回到自己的防地,发布决裂文告,大讲自己的委屈。这样一来,大部分太平军都跟着石达开跑了。到这个时候,洪秀全才觉得自己坏了事,忙派人去请石达开回来,石达开当然不会回来,自己带着大队人马另立山头了。

本来石达开以为凭自己的能耐,又有好几十万人,割据一方是不成问题的,不想却处处失利,人马也越打越少,到最后,自己也丧气,总说要找个地方出家当和尚,搞得跟着他的人也看不到前途,又都跑回天京了。到后来,石达开在四川大渡河陷入清军的包围,他决定舍命以全三军,自己到清军大营自首。清军也不客气,先抓石达开,再收拾他的人马,一代枭雄就这样陷入了末路。而经过一番内乱的太平天国,也陷入了低潮,离败亡不远了。

第四节　洋人又来了

在太平天国闹得正欢的时候,洋人也来凑热闹了。

《南京条约》大清开放了五口通商之地,按规定,英国人有权入五口定居,在其他地方,英国人都没遇到什么麻烦。但在广州,英国人却遇到了阻力。因为老百姓不答应。他们认为英国人能占便宜,是因为朝廷里有奸臣,真打起来,肯定打不过大清。老百姓可不管什么条约规定,面对要进入广州的英国人,全体百姓开展了轰轰烈烈的"反入城斗争",阻止英国人入城。面对这种情形,英国人首先想到的是找政府。但从总督到巡抚就是一个拖字诀,拖得英国人自己都没脾气了,只好算了。

看英国人没辙,广州城上下一片欢腾,觉得英国人不过如此,尤其是广东巡抚叶名琛,更是因为此事而升为总督,还得到了一个好名声,这也为他日后与英国人打交道积累了经验,那就是要么爱理不理,要么随便应付,反正就是不答应英国人的要求。当然,英国人也不是那么好欺负,心中积怨已深,一忍再忍,只等一个借题发挥的机会。

到了1854年,英国人觉得是时候了。根据1844年签订的中美《望厦条约》中关于十二年期满双方可协商修约的规定,与中英《虎门条约》中的"最惠国待遇",英国也要求双方谈判,重新协商修改中英《南京条约》。

英国人敢这么提,就是欺负大清官员不懂国际法。而事实也正是如此,大清的官员平日就忙着发财和糊弄皇帝,连四书五经都来不及看,谁会去看什么国际法?整个大清,找不到一个懂国际法的人。面对这样的呆瓜,美国人自然也不忘凑热闹。其实中美《望厦条约》要到1856年才能修约,但是美国人也说自己有"最惠国待遇",英国人能修,那美国人也要修。法国一看,那好,要修大家都修,谁也别落下,也吵着要修约,闹得不亦乐乎。

其实美国人和法国人早把大清了解了个彻底。当年中方代表耆英在签《南京条约》时见识了英国人的厉害,以为同为白人的法国人和美国人与英国人比只强不弱。美国知道对清朝这样无知自大的国家只有用残酷的事实教育对方,稍微讲点礼貌都会被当作是来朝贡的,所谓"给点阳光就灿烂"。因此,美国代表收到的硬指令是假如中方不肯签约,那么一定要面见皇帝,而且绝不下跪,不满足这条要求就兵戎相见。

耆英天不怕地不怕,就怕洋人进京见皇帝,更何况还是站着见皇帝。所以,当年耆英爽快地把中美《望厦条约》给签了。而法国人更干脆,把八艘军舰一字排开,签还是不签,自己看着办吧。自然,耆英头也不抬就和法国人签了。说实话只要不是割地丢面子的条约,清朝都是很爽快的,反正钱都是搜刮老百姓的。

这边英美法还自作聪明地做着青天白日大梦,想欺负中国人不懂法占便宜,却不想对手是叶名琛。叶名琛胸有成竹,自然又是老一套:拖!除了严禁三国公使入城以外,对三国公使的各项要求只有两种回答:要么拒绝,要么干脆不回答。当时英国人对这个叶名琛的作风是非常了解的,知道跟此人讲理绝对讲不通,又遇到太平天国起义,想必叶名琛也没空搭理他们,想想还是走吧,上北京去见皇帝。于是三国公使一路挥师北上,准备到上海一带寻找别的官员传达修约的请求。

叶名琛可没闲着,这头拒绝了,那头就汇报了咸丰,寥寥数语,只说英国人要修约,请皇上放心,此事他自能搞定,洋夷若来,叫他

们来见他就行。当时满朝上下其实连"修约"是什么意思都搞不清楚,《望厦条约》里关于修约的内容,早被他们忘得差不多了,甚至连签没签这个条约都不记得。叶名琛因是民族英雄,又平叛有功,咸丰对其充分信任,回复说:"交给你了,你就看着办吧,你的办事能力我很满意"。

这下倒好,三国公使本不愿见叶名琛,但咸丰不想见洋人,偏让洋人去见叶名琛。三国公使一听,头都大了。叶名琛?同他讲得清还用到上海来吗?于是继续北上,到了天津,离咸丰也越来越近了,想着应该能见上一面吧。不想这回更绝,清朝政府随便派了两个人来,别的不说,就一句话:"修约我们管不了,皇上请你们再去找叶名琛。"这时三国公使终于体会到什么叫"踢皮球、打太极"了,跑了那么远的路,还是一事无成,心里虽然有气,但也没有办法,修约至此又不了了之。气愤之余,三国公使算是达成一致意见:对大清政府只能先打了再说。

也该着大清倒霉,当列强的不满已经达到顶点时,"亚罗号"事件发生了。"亚罗号"事件到现在也还是一笔糊涂账,到底是英国船只还是在香港注册的中国船只,到底船上有没有海盗都没弄清楚。但可以肯定的是,船上的都是中国人,但挂着英国旗。广东水兵上船搜查,船上的中国人认为自己的船是在香港注册,那么老大就是英国人了,所以不买大清水军的账。大清水军就把所有水手全部缉拿,还顺手把英国国旗扯掉,扔海里了。

这下英国人不高兴了。你大清水兵只敢欺负商船水手,我大英舰队可是敢开炮揍你的。于是,英国海军上将包令和驻广州领事巴夏礼立刻出动,一张照会传给叶名琛,要求很简单:放人加道歉。英国人的要求相当无理,因为叶名琛缉拿的是中国人,按双方条约,领事裁判权是不起作用的。但一向喜欢歪扯的叶名琛这次没说什么,很利索地就把人给放了。而对于道歉的要求,则坚决拒绝。在叶名琛看来,大清和英国人谈话都是丢面子,还要道歉?怎么可能?

叶名琛不知道,英国人这次就是要来打架的,即使道歉也解决不了问题,你叶名琛不道歉,真好,让你知道刀是铁打的。英国人生气了,问题严重了。大炮一响,叶名琛兵败如山倒,忙问英国人要什么?英国人很干脆:让我进城!叶名琛一听,是为这事呀?犯得着费这么大劲吗?好好说不就完了吗?于是叶名琛又想拿老经验办事——拖!打算把英国人糊弄过去。

咸丰皇帝听说广州又被英国人打了,忙下旨问叶名琛怎么回事?叶名琛安慰说:"没事没事,我们已经把英国人打败了,还干掉了他们的总司令。"咸丰哪分得清真假,还批示说:"干得好,但也不要欺人太甚,等他们悔罪就给英国人一个台阶吧。"叶名琛得了皇帝圣旨,也没闲着,派人去打探英国人的虚实,看看能不能找机会和英国人谈判。不想叶名琛骗皇帝,他派去的人也骗自己。探子的回报不是英国被沙俄痛揍,就是英国被印度痛揍,要么就是财政紧张、入不敷出、经济危机、失业狂潮、工人罢工,总而言之一句话,英国折腾不了多久,马上完蛋!

叶名琛高兴了,看来不用他出马,英国人也要离开。于是,他连战备也不搞了,觉得还能省点钱。想着让他们闹,闹够了,自然就会走的。等到英国人冲进广州城,叶名琛正好去城外烧香,英国人没抓到叶名琛,又赶上兵力不足,就主动撤退。这下叶名琛高兴了,觉得自己的判断完全正确,英国人就是来闹事,不是来打仗的。在这种信念的支撑下,叶名琛镇定自若,后世戏称其为"不战不和不守不死不降不走"的"六不将军",一直到他被英国人抓走为止。

事情还没完。"亚罗号"事件还没平息,马神甫事件接着来了。

当时根据中外条约,洋人只能在通商五口活动,其他地区依然处于洋人不得入内的状态,不想,法国神父马赖却闯入广西传教,顺便进行侵略活动。西林知县根据村民反映状况,将马赖等二十六人逮捕,依法处以死刑或论罪处罚。

法国以此为借口找中国讨个说法,偏偏两广总督又是叶名琛,两个字:拒绝。

美国要求修约,英国要求入城,法国要求赔偿道歉,都碰到了叶名琛这个乌龟壳上,战争就成了唯一的选择。美国滑头,虽然心里想打,但国内黑奴问题闹得不可开交,而且上次不出兵就得了甜头,这次还是照方抓药,想打的人上去打,他们负责事后出来办交涉就行了,于是不肯发兵。法国也想省事点,但一个国民被杀又得不到说法,再不出兵,国内民众不答应,只好跟着英国一起上。而沙俄对中国眼馋已久,此时也跳出来兴风作浪,准备坐收渔利。于是乎,一支英法联军,承载着英、美、法、俄这四个世界上最强大国家的野心,向着广州进发了。

枪炮一响,别说十万,几十万乡勇都无济于事。广州瞬间破城,叶名琛被捉走。咸丰收到奏折,看着看着就糊涂了:"怎么又是我们胜利胜利再胜利,然后突然就败了呢?"

英国对中国已经了解透了,知道别的地方占再多也没用,必须直接敲皇帝家门。这时距第一次鸦片战争已近二十年,天朝诸臣早就忘了洋人打仗到底是什么样的了,还想着能比画几下。不想,号称最强的大沽炮台惨遭秒杀,咸丰还在那里莫名惊诧。自然,最后的结果就是签约。美国又白捞一个条约,沙俄也狐假虎威,正式进入中国,法国和英国更是没得说了。

《天津条约》相比之前的条约,增加了外国军舰进入长江,允许外国人进入内地,增开通商口岸,允许外国人进入北京设立使馆等内容。但事情还没有完,条约签订了,按照规定,外国使节要进入北京换约了。本来很简单的事,又让咸丰给搅了。

一想到外国人要进京面圣,而且不会三跪九叩,咸丰无论如何也不能接受。为了阻止洋人进京,咸丰甚至想以鸦片合法,取消一切关税,再多赔几百万两白银为交换筹码。洋人哪管这一套,见咸丰说话不算话,就问是不是想开战?于是,咸丰又退一步,规定人数不得超过十人,不得坐轿,不得列阵仪仗,换约后立即离京。但老外们早看透清廷那点心思,想要面子,也得有实力。这次就来告诉你们到底算老几。洋人拒绝一切贬低使节身份的接见仪式,为了保证这一点,必须有海军随行护航。为了自己的尊严,咸丰又耍小聪明,指示悍将僧格林沁:若洋人不肯按照藩属国朝贡的仪式入京,可以"悄悄击之,只说是乡勇,不是官兵",并且堵塞航道,让洋人走北塘绕一个大圈进京,若洋人不从,则可"师出有名"。

当英国人把船开到大沽口,发现航道受阻,想上岸又被民团阻挡,僧格林沁蹦出来,让公使改道。英法哪吃这一套?两国认定清廷是背信弃义了。没说的,打!不想,这次英法过于托大,第一仗输给了僧格林沁。

捷报传回京城,朝廷里已是一片欢乐的海洋,英法两国暴怒不已,南下调兵遣将,此举又被朝廷看作对方认输投降的信号,觉得自己的军事实力好像瞬间上了好几个台阶。咸丰也觉得自己有底气让洋人下台阶了,于是,又摆起了天朝上国的谱来,宣布中英和中法《天津条约》作废,不过念在洋夷恭顺,若肯"自悔求和",可按中美《天津条约》另立新约,换约在上海进行。

英法当然不会就坡下驴,召集军队再打,这一下,清军发现自己的实力又不在一个层面上了。咸丰一看,慌了,又耍起了小聪明,派人每天给英法发去照会,内容都差不多,解释以前都是误会,赶紧来北京换约吧。咸丰以为自己的玄机是人就看得懂,不想,英法就不是玩技巧的人,你不是不投降吗?那就接着打!等到大沽炮台完全沦陷后,清朝终于改口了:别打了!我们投降!

这次来当然就不是《天津条约》那么简单了,大沽口之战的账也要好好算一算。后来英国派出巴夏礼和威妥玛谈判,算是把清廷弄得低了头。不想,咸丰一看谈好的条件,又是进京,还要带一千卫兵,他又不干了。咸丰豁出去要给洋人一点厉害,让洋人看看自己到底是老几。于是指示僧格林沁俘虏英国使团一行三十九人,准备以此为人质,与英法谈判。

袭击使团,国际法之大忌,世界震动,洋人这会儿更加理直气壮了,英法联军一口气打到了北京城外。大清也震动了,这种情况是闻所未闻啊,咸丰仿佛都能感觉到自己的龙椅在震动,连忙把一切谈判事宜交给自己的六弟,自己逃往热河避难。但死到临头了,咸丰居然还在嘴硬,后来还叮嘱谈判的代表,一句话:什么都可以谈,使节进京的问题绝对不能谈!

英法联军见咸丰到这个地步,还这么讲究,那就继续打!法国得到情报,皇帝在圆明园休假,于是派兵前往,但是皇帝不在,扑了个空。法国人一入圆明园,就被里面的宝贝晃花了眼睛,二话不说,马上动手洗劫。后来因为大清扣押英国使团人员,英法两国军队又一次闯入圆明园,抢劫一番后,再放一把火,千古名园彻底被毁灭。

仗打成这样,连皇帝的别墅都给打残了,咸丰只得放下自己那点可怜的坚持,终于答应了外国公使的一切要求,包括入京面圣。只不过,英法两国想不到自己这么大动干戈要见清朝的皇帝,却总是不能如愿,因为咸丰在热河病死了。

第五节 一个女人

咸丰即位以来,就没过过安稳的日子,但这不等于说咸丰就不要妃子了。相反,选妃子是皇家第一等大事,无论国家多么艰难,妃子都是要选的,不然,皇帝跟谁生儿子去?天下怎么传下去?

1852年,也就是咸丰即位的第二年,他开始了选妃之路。在他之前的几位皇帝,除了顺治和康熙即位时年龄小外,都是在当皇帝前就结了婚。而咸丰虽然早就结婚,但皇后却没有定下来,因为他当皇子时娶的老婆只跟他做了两年的夫妻,就病死了。后来咸丰就册立钮祜禄氏为皇后,就是后来的慈安皇后。

钮祜禄氏是广西右江道道台穆阳阿的女儿,她心地善良,人很单纯,咸丰对她很敬重,但生性风流的咸丰觉得跟她在一起没什么情趣,所以就不怎么宠幸她。正好选妃开始,他可以趁机找到自己喜爱的女人了。这一选,还真被咸丰选到了一个称心如意的女人——一个姓叶赫那拉氏的秀女。

这位叶赫那拉氏长得很漂亮,娇媚迷人,咸丰一见,就爱上了,立刻封她为兰贵人,不久,叶赫那拉氏就怀了龙种,生下了咸丰唯一的儿子载淳。在皇家一般都是母以子贵,更何况这是咸丰的第一个儿子,以后就是皇位的继承人,所以叶赫那拉氏更是平步青云,待遇马上就跟着提了上来,由贵人晋封懿妃,不久又升级为贵妃。

叶赫那拉氏不是一个一般的女人,走进皇宫那天起,她就盘算着如何让自己一步步得到皇帝的宠信,成为最有权势的女人。现在自己的地位提高了,能每天接近皇帝,皇帝也喜欢自己,这么多有利条件都具备了,再不努力改变命运,那就对不起自己了。

自古以来,皇帝的脾气都不好,可能今天对你很好,明天就看你不顺眼了,所以在皇帝面前的工作是高危职业,而当皇帝的女人,更是朝不保夕。但富贵险中求,叶赫那拉氏既然想在皇宫里飞黄腾达,就必须冒险接近咸丰,而且只能让咸丰亲近自己一人。

幸运的是,她做到了。叶赫那拉氏聪明伶俐,性格又机敏善辩,遇到什么事,总是先揣摩咸丰是怎么想的,然后去奉承。这样自然就讨咸丰欢喜了。同时叶赫那拉氏不是那种只想着享受的女人,她还非常善于学习。她知道咸丰很忙,不可能把一天所有的时间都花在娱乐上面,如何能在他办公的时间跟他在一起呢?自然只能努力学习文化,懂得如何处理政事,这样咸丰办公时,自己就能陪着他了。

有了这份心,叶赫那拉氏就开始自学文化。叶赫那拉氏天分很高,学习很快就上手了。宫廷里一般也没什么事,她就学着临摹碑体,很快就能写一手好字。因此,咸丰在批阅奏折时,就喜欢让她陪着,有时嫌自己写字太累,就让她代笔。有这样一位能干的妃子在跟前,咸丰当然高兴了。就这样,叶赫那拉氏日益得宠,成了咸丰身边离不开的女人。

因为能在咸丰身边参与朝政,久而久之,叶赫那拉氏就能对朝政形成自己的看法,更为神奇的是,她的看法还能与时局契合。当时,咸丰被太平天国造反弄得焦头烂额,满人打仗没用,汉人又不能信任,真是两头为难。关键时刻,叶赫那拉氏向咸丰进言,说曾国藩绝对可靠,让咸丰把兵权赋予曾国藩。

对于叶赫那拉氏这样精明的女人,咸丰也开始警觉了,毕竟,大清的祖训在那里,就是不许后宫干政。现在,叶赫那拉氏处处透着精明,也展示了其野心,这是咸丰不能容忍的。自己当皇帝已经被人看扁,要是让自己的妃子掌权,那自己还真是没脸去见自己的祖宗了。于是咸丰开始有些讨厌叶赫那拉氏,并对皇后说这个女人太有心机。聪明的叶赫那拉氏立刻就察觉出咸丰对自己的不满意,马上收敛锋芒,又开始成为一个只解风情的,皇帝喜欢的小女人。

可以说,艳丽的外貌、机敏的性格、端腴的书法、恰当的进言和唯一的皇子,这一切成了叶赫那拉氏得宠的原因。实质上,虽然她只是一个皇妃,但她的角色已经成为后宫第一位了。

第六节　自暴自弃的皇帝

咸丰逃到了热河,可以说已经被英法联军吓破了胆,北京一天不安全,他就一天都不能回去。但如果英法联军占据了北京,那他就是一个亡国的君主了,千古骂名肯定得由他来背,想到这些,咸丰就痛心疾首。

1860年本来是咸丰志得意满的一年,因为这是他登基的第十年,而且这一年他满三十岁。按照中国传统文化,整十年应该是个喜庆的日子,如果没有什么意外的话,是应该庆贺一下的。毕竟咸丰即位,还是办了些具有轰动效应的大事,也曾让大臣们对他刮目相看。

但是,三十而立的咸丰却立不起来,先是太平天国造反,大清官军被打得非死即逃,其北伐军甚至打到了天津,差点就逼得他逃回关外。正当他为太平天国的事忙得焦头烂额时,第二次鸦片战争又打响,这一次他比他爹经历的战争更惨,联军竟然直接冲到北京城来。

面对来势汹汹的英法联军,咸丰一直处在手足无措当中,英法联军的目的很明确,那就是割地赔款,如果答应了,那么他肯定会

作为罪人而遗臭万年；如果不答应，继续抵抗，那最后北京被攻占，自己肯定要当俘虏。一想到自己将要成为宋徽宗，咸丰就恨不得大哭一场。

就在咸丰彷徨无计的时候，惹祸的僧格林沁告诉他，北京不能待了，赶紧去热河打猎去，一来散心，二来避开洋人的进攻。大臣肃顺连忙说，这是个好主意。咸丰知道这是个好主意，但大敌当前，当皇帝的跑了，群臣和百姓怎么想？咸丰决定把这难题交给大家讨论。他发了一道圣旨，说自己打算御驾亲征，带队伍到通州去打洋人，和他们决一死战。但搞笑的是，他却把僧格林沁的建议并在圣旨里，一道发下去让大家讨论。

大家一看，这还有什么可讨论的，肯定是不能御驾亲征了。那能不能去热河呢？有的大臣说要去，有的大臣说北京城好歹还是个城堡，能抵御洋人的枪炮，跑到热河，那就是一休闲的山庄，洋人能来北京，就不能去热河吗？真到了热河，皇帝不是死得更快吗？

虽然主张留守北京的大臣居多，但权臣肃顺却主张赶紧去热河，他说既然守不住北京，那就赶紧让皇帝走，不能让皇帝待在不安全的地方。于是咸丰采纳了肃顺的意见，于1860年9月22日，离开了北京。这一离开，让咸丰创造了一个记录，那就是他成了第一个被赶出京城的皇帝。

经过八天的旅程，咸丰来到了避暑山庄，这里原本是皇家园林，但自从嘉庆在这个地方去世以后，这里就成了伤心地，再也没有皇帝来过，几十年来，山庄也没有维修，一片破败。再加上这里本来是避暑的地方，但现在已经是秋天了，北风一吹，冷得出奇。咸丰和一众妃子围坐在火炉旁，听着外面的北风吹着，都觉得不是滋味。

在热河，咸丰每天听到的都是坏消息，什么英法联军进北京了,然后又烧了圆明园。每一个坏消息都让他胆肝俱裂。大清的尊严在他手里失去,天朝的繁华在他手里失去,祖宗的家业也毁在自己手里,自己还有脸回去吗?在北方那个冷天气里,咸丰天天被这些负面情绪折磨着,身体还能好吗?他不断地咳嗽,太医一看,不好,痰中带血,这表明皇上得了肺痨。这种病在没有青霉素的年代,基本上就只有等死了。

或许是咸丰知道自己活不长久了,他索性想开了,北京那边奕䜣已经和英法等国谈完了,英法答应撤军。奕䜣劝说皇上,北京现在已经安全了,快回来吧。但咸丰就是不回去,他也不处理国事,事情都交给大臣处理。自己干什么呢?享受!而且还是不要命的享受,每天除了喝酒、听戏和女人嬉戏,其他什么正事都不做。咸丰对京剧很入迷,每天就在山庄里听戏,不到半夜不散场。看得出来,咸丰是在利用酒精和戏曲来麻醉自己,想着自己可能活不长了,最好能马上死去,不再受亡国之君的痛苦折磨。

就这样,咸丰不断地折磨自己,喝醉酒就哭闹,还折磨下人,醒了之后又后悔,对被折磨的人进行赏赐。这说明,他心里明白自己这么做是不对的,但他还是要这么做,目的只有一个,求得一死。

但作为皇帝,可不是一死就一了百了的,他还要考虑许多事情,第一就是天下怎么办?此时,他已经有了儿子,但儿子年龄太小,还是个幼童,怎么能治理天下?必须有人辅佐才行。那么这辅佐大任交给谁呢?自己的弟弟奕䜣?他有能力,能干大事。但是他本来是有资格当皇帝的,现在让他去辅佐自己的儿子,要是他再来个多尔衮那样的故事,自己的儿子不就受苦了吗?弟弟不行,就交给大臣吧,肃顺一直是自己信赖的人,对自己忠心耿耿,也能担当起这一重任,但要是他重演鳌拜的故事呢?自己的儿子能当康熙爷吗?咸丰觉得不太可能。大臣不行,那就交给孩子他妈吧,也

就是叶赫那拉氏。这个女人很有心机,对于朝政也很热心,一权在手,要是上演吕后和武则天的故事,那怎么办?

这些问题纠缠得咸丰死去活来,让他死也死得不安心。但不管他怎样不安心,离死却是越来越近了。1861年8月21日,咸丰在一阵昏迷后,清醒过来,马上把自己的儿子和肃顺等八大臣喊来,当着他们的面立遗嘱。先立自己的儿子载淳为太子,然后又任命肃顺等八大臣为顾命大臣,辅佐儿子。写完遗嘱后,咸丰还让自己的儿子给八大臣作揖,那意思就是"我把儿子托付给你们了"。

为了制衡八大臣,咸丰又给皇后和贵妃一人一枚图章,并规定,以后军国大事,一定要有两位太后的图章才有效。做完这一切之后,咸丰就闭上了眼睛。

从大清的历史上看,咸丰应该是命最苦的一位,因为中国历史上最大规模的农民起义太平天国起义被他赶上了,而且一直到他死,都没有平息;同时,西方列强打上门来,攻占了首都,使得中国封建社会在他当政时彻底没落,再也没有复兴的希望。

第十章

小皇帝的宿命

同治六岁即位,是大清至今为止年龄最小的皇帝,虽然咸丰给他安排了辅政大臣,还让其母与皇后作为牵制力量,成为双保险。但是,同治依然没能重现顺治、康熙时的奇迹,虽然有短暂的同治中兴,但与他的关系不大。

第一节　一个女人引发的战争

1861年8月22日,同治即位,当时的年号是祺祥,是顾命大臣拟定的,按照中国的传统规定,到次年春节,也就是新年,就可以正式启用这一年号代替咸丰年,也要开启一个新的时代。

咸丰临死,设计了一个权力框架,同治是皇帝,要坐在那个宝座上,但他只是一个六岁的小屁孩,就算是神童,也不会有人把他当一回事,所以要处理国家大事,只有交给大臣们去办。于是就有了八大臣负责,也就是一个内阁,其中领头的就是肃顺。

肃顺出身权贵之家,年轻时是个混世魔王,到年纪稍大一些,才开始醒悟,努力做事。与一般满人的自高自大不同,肃顺很喜欢学习汉人文化,并成为满人中的佼佼者。因此,在一帮掌权的满人当中,肃顺可以说是个异类。满人官僚不想跟汉人打交道,就让肃顺去干,就这样,肃顺得到了咸丰的信任,并很快得到了提拔,掌握了大权。

要说在用汉人方面,肃顺很有一套,曾国藩、左宗棠、胡林翼等汉人重臣,都是肃顺欣赏和提拔起来的,也正是因为重用汉人、排挤满人,使得肃顺得罪了不少人。但只要皇帝信任,得罪了其他人又怕什么? 所以肃顺依然我行我素。

现在肃顺成为顾命大臣的首领,自然想到的就是要为自己掌权扫清道路,但现在面临的障碍是两宫太后慈安和慈禧。慈安好对付,一没文化二没心机三没野心,基本上属于要她怎样就怎样的角色,这种女人当太后,肃顺求之不得。麻烦的是同治的生母慈禧,她热衷于权力,咸丰活着的时候,她就喜欢在政治上面出风头,连咸丰都觉得必须压制她,现在咸丰死了,她自然要翻上天去。所

以肃顺知道这个女人不寻常,自己要说了算,就要把慈禧压住,最好让她在深宫里老实待着,不要乱说乱动。

只可惜,慈禧同样是个不好惹的人。在咸丰刚死时,她就开始筹划着如何扳倒咸丰打造的对自己限制太多的权力框架,建立一个由自己说了算的体制。自然,一个在深宫里的女人是做不到这一点的,哪怕身份再高也白搭,必须找好同盟军。找谁?自然是在北京的恭亲王奕䜣。

说起来奕䜣是王爷,但日子过得比普通人还憋屈,因为争夺皇位失败,所以一直受到咸丰打压,尽管戴着个王爷的帽子,却处处受到管制。作为一个失败者,奕䜣自己也很知趣,刻意收敛自己,打算逍遥过一生算了。没想到英法联军打来,咸丰第一个想到的就是自己逃难,留下兄弟来顶着。好不容易把英法联军打发走,想着应该能得到大哥的嘉奖,结果大哥却死了,自己的一番辛苦白费了,而且顾命大臣肃顺历来就对满人有偏见,也不待见自己,看来自己后半生的日子会更加郁闷。

正当奕䜣为自己的将来发愁时,慈禧找到了他,提出要和他结盟,共同搞掉肃顺,大家一起分享权力。这对于奕䜣来说,就是天上掉馅饼的好事。为此,奕䜣专门赶到热河,名为奔丧,实为和慈禧会面,订立同盟计划。

由于热河一带是肃顺的地盘,所以要搞掉肃顺,最好把肃顺调出热河。因此奕䜣和慈禧商议好,在北京做好准备。奕䜣回到北京后,立刻派心腹稳住部队,做好了武力解决的准备。而在热河的慈禧,为了造舆论上的准备,指示心腹大臣上奏,说要请太后理政,再选亲王来辅政,至于顾命八大臣,就安心干好自己的本职工作就可以了。

肃顺一见这报告,就知道是慈禧要赶自己走人了,马上就和其他几位队友公开唱反调,说大清历来就没有太后垂帘的先例,祖制不能打破。但慈禧就是要告诉肃顺,规矩就是用来打破的。于是,双方在朝堂上吵了起来,最后在僵持不下的情况下,肃顺等决定回北京再处理这个问题。这一下,正中慈禧下怀,马上发令,火速回北京。

北京这边早就做好了准备,奕䜣把能掌握的嫡系武装如胜保和僧格林沁都抓在了手里,而肃顺所依仗的曾国藩等汉人将领,都在南方对抗太平天国起义,而且对清廷内部争权不感兴趣,也不敢参与。所以,双方实力一对比,就分出了高下。

所谓不怕神一样的对手,就怕猪一样的队友,肃顺这边兵权本来就不足,关键时刻,八大臣当中掌握北京警卫部队大权的几个人为了显示自己大公无私,专心干本职工作的姿态,竟然主动提出辞去在警卫部队中的兼职。慈禧当然高兴,马上批准,这一下,八大臣就完全成了手无寸铁的人,只能任人宰割了。

在安排从热河回北京的行程时,肃顺等八大臣为了显示自己的重要,特地安排慈禧带着同治从小路先回北京,而自己则护送咸丰的灵柩从大路上缓缓而行。这等于又把先机拱手送人。结果,慈禧一回到北京就和奕䜣联系,马上召开御前会议,对肃顺等八大臣进行缺席审判。

奕䜣是个精明人,因为失去了皇位而被打压至今,现在,有了掌握权力的机会,自然不会再放过。他指示人上奏说,咸丰安排八大臣辅佐没有人证,是八大臣自己写给自己的认命书,然后又说亲王和太后辅政,才是大清的惯例。而慈禧也面对大臣,一把鼻涕一把泪地诉说肃顺等人的无理,并把英法联军攻入北京和火烧圆明园等罪状都安在了肃顺的头上。

大臣们都是人精,见目前的实力对比已经完全倒向了慈禧,马

上重新站队，都表示拥护慈禧和奕䜣的正确主张，要求解除肃顺等八大臣的职务，并且要严惩。肃顺等人还没回到北京，北京这边就已经定下解除他们的职务和审理他们的罪行了。

等到肃顺等八大臣回到北京，还没等摆谱，奕䜣已经带人，口称有圣旨，把肃顺等人全部关押。就这样，经过精心安排，慈禧和奕䜣取得了政变的胜利。

随后，就是分享胜利果实，慈禧如愿垂帘听政，而奕䜣也获得了议政王的头衔，当上了军机大臣。自然，祺祥的年号是不能用了，鉴于太后和奕䜣共同掌权的事实，就把年号定为同治。而作为失败者的一方，肃顺被公开砍头处决。

第二节 天国凋零

大清忙于宫廷争斗时，太平天国也难得地迎来了调整和喘息的时间。石达开率部出走后，洪秀全亲自走上前台，主持天国大局。但是，他文不能治国，武不能打仗，面对复杂的局势，只能依靠自己本家兄弟来治国。他的本家兄弟什么本事都没有，弄得天国上下无人不埋怨。看到这种情形，洪秀全只得让步，开始提拔年轻的将领，陈玉成和李秀成就这样走上了前台。

陈玉成和李秀成都是太平天国早期起义的参加者，只不过当时天国人才济济，显不出两人的本事，但两人的才干却一直在增长，并逐步担任了军事将领。石达开率部出走时，曾特地向两人发来书信，让两人跟着他一起离开，但陈玉成和李秀成都选择了留下。现在天国无人了，洪秀全只好把军事大权交给两人负责。

此时，清军已经在天京外围组建了江北大营，把天京围得水泄不通。为了打破包围圈，陈玉成和李秀成在枞阳召开军事会议。

在会议上,陈玉成确定了与众将共同会战,打垮江北大营的战略。会议结束后,陈玉成、李秀成各自领兵,合围浦口,一举打垮了江北大营,解除了清军对天京的包围。

这一战成功后,不仅让陈玉成、李秀成威名大振,也让洪秀全看到了天国复兴的希望。为了笼络这些青年将领,洪秀全打破天京事变后不封王的诺言,封陈玉成为英王,李秀成为忠王。但是洪秀全此时又走向了另一个极端,以前是王爷少,所以他被夺权,现在他觉得防止自己权力被再次剥夺,就应该多封王。所以他在后期,什么事都不做,就在那里封王,封到最后,汉字都不够用了,可见他封王之滥。

太平天国王爷虽多不值钱,但王爷的派头还是要的,于是天国本来就不多的财力要为王爷装门面。这样一来,洪秀全的用度就要减少。洪秀全不干,对王爷们说:"我只管封王,待遇不提供,你们有本事就当富王爷,没本事就当穷王爷。"为自己捞钱的本事谁没有?天国后期也就越来越腐败了。

天国王爷虽多,但真正掌权的还是只有陈玉成、李秀成和洪仁玕。陈玉成和李秀成在外面打仗,洪仁玕在天京处理国政。洪仁玕是最早参加太平天国的,但在洪秀全大力发展组织时,洪仁玕就退出了,后来又为了躲避株连,洪仁玕逃到了香港。在香港,洪仁玕接触了西方文化,开阔了视野,又看到洪秀全领导的太平天国事业如火如荼,想着应该投靠大哥,干一番事业才好。于是他离开香港,辗转跋涉,终于来到天京,见到了洪秀全。

天王一见老兄弟来了,想着自己正缺帮手,洪仁玕又跟他大讲了一番在香港的所见所闻以及治国策略,洪秀全虽然没听懂,但觉得自己的老弟这么能说,那一定能做了,便加封洪仁玕为干王,总理天朝国政。

洪仁玕受封后,马上捣鼓出一部《资政新篇》,在里面大讲西方资本主义的经济方式如何好,天国应该怎么实施。只不过现在天国的实力范围只有不多的几座城,根本就没有实施这些策略的基础,大家也不懂如何实施,所以《资政新篇》就成了摆设,完全没有可能实行。再加上天京面临四面包围的形势,最根本的问题是生存,而不是如何生活得更好。因此,洪仁玕也撸起袖子,亲自带兵出去打仗。

打仗不仅是体力活,更是技术活,尤其在当时的局面下,需要不断地团结敌人的敌人,联合自己的朋友,才能生存下来。但此时,天国的三位重量级人物陈玉成、李秀成和洪仁玕之间却出现了分歧,三人各有一套打法,谁也说服不了谁,最后决定各打各的。洪仁玕是个文人,在军中威信不高,自然打不了仗,所以就只能管管后勤;而两位握有重兵的陈玉成和李秀成又因为分兵,无法积聚力量,突破清军的包围,结果两个人处处被动,根据地越打越少,到最后,两位最具实权的天国王爷,发现连自己的地盘都没有了。

李秀成最先发现这个问题,觉得不能这样干下去了,于是,集中力量,猛攻苏杭一带,最终打下了苏州,作为自己的根据地,并且全力经营,对其他地方则不管不问了。而陈玉成则完全成了天国的苦力,到处救火,虽然他很玩命,但还是抵不住湘军反扑,丢失了太平天国在长江上游的门户——安庆,陈玉成只能退守庐州。

陈玉成也知道天国现在没什么力量,所以,他想到要联合各地方团练,一起去打湘军。这时,安徽团练首领苗沛霖主动找上门来,说:"英王你有本事,我们联合吧。只要你来,我愿意听你指挥,我们一起去打河南,夺取开封。"

陈玉成就好比是落水之人,抓到了救命的稻草,立刻答应愿意和苗沛霖联合。手下人都劝陈玉成,说相信谁都不能相信苗沛霖,这人就是个土匪,有奶就是娘,跟他联合,没好结果。但陈玉成不听,他觉得现在局势危机,只能死马当活马医,于是亲自去见苗沛霖。结果一到对方地界,就被苗沛霖抓住,送给了清军。陈玉成知道自己上当,宁死不屈,最后被清军杀死。

陈玉成是天国军事上的顶梁柱,他这一死,太平天国就完全没有力量支撑了。以曾国藩为首的湘军开始对太平天国进行分割,没多久,就扫清了天京外围,逼得洪秀全命令李秀成赶紧回天京主持防务。李秀成一回天京,发现要死守天京是件不可能完成的任务,提出放弃天京,保存实力,以图东山再起。洪秀全哪里舍得离开天京,他就是死也要死在天京这个被他定为天堂的地方。李秀成没办法,只好由他。

曾国藩的湘军却一刻也没有闲着,在完成了对天京的合围后,开始采取多种手段对天京进行猛攻。1864年6月,洪秀全在绝望中病逝,7月19日,湘军悍将曾国荃终于率军攻克了天京,并俘获了李秀成。李秀成还不死心,想劝说曾国藩造反,曾国藩没理他,在其写完自述状后就杀了他。

虽然后来太平天国的余部和捻军又发起了大规模的军事行动,但再也没有能力推翻清朝的统治了。

第三节　地方实力派兴起

太平天国最大的对手不是大清的正规军,而是以湘军为首的地方实力派,可以说,即使太平天国彻底打垮了清军,最后也会被湘军等地方实力派灭掉。

太平天国在向天京进军的过程中,最先遭遇的是湖南人江忠源带领的半职业军队——楚军,而最终的敌人,就是湘军。

湘军的灵魂是曾国藩,在组建湘军时,他首先确立了建军思想,以理学精神为号召,寻找那些具有"忠义血性"的儒生来带兵。一时间,众多有志有才的湘籍士子都聚集在曾国藩身边,成为有文化的中下级军官。同时,曾国藩为了防止溃兵滑勇把种种恶习带入湘军,又强调招兵时应该到偏僻地区去招那些朴实的山民,他还让带兵官自行回到自己的家乡去募兵,一个地方的士兵编成一营,用乡谊故交维系部队内部的情感,这样,在打仗时,士兵们就会相互支援,提高集团战斗力。

大清的国家军队不仅要打仗,而且在平时还负责管理社会治安,打仗时临时任命主帅,再从全国各地抽调军队,这样一来,兵将之间互不熟悉,士兵之间也缺乏感情,打胜仗时表现还可以,打败仗时就是各顾各逃命了。

为了改变这种状况,曾国藩建立了自己的指挥体系,由大帅到统领到营官,不越级指挥,职权归一。他还非常注重轻重火器与冷兵器的恰当比例,提高了火器在军队中的使用率,使得湘军的火力比各处清军都要强。

为对付太平天国的水营,曾国藩还成立了水军,使得湘军成为唯一一支可以水陆协同作战的力量。为了让湘军士兵安心打仗,曾国藩实行的是厚饷制度,所招募的士兵多为青壮年,在农村凋敝的湖南,当兵赚钱吸引了许多苦于生计的山民,这就使得湘军有了充足的兵源。

曾国藩的湘军成为太平天国的劲敌后,算是挽救了大清的统治,但在初期,这种功劳并没有让曾国藩占到什么便宜,反而受到猜忌,处处受到排挤。一直到1858年,大清算是认识到平定太平天国,离开了曾国藩是不行的,终于委派曾国藩任两江总督、钦差大臣,督办江南军务。又在1862年命曾国藩统辖苏、皖、赣、浙四省军务,巡抚、提镇以下官员悉归他节制,后又为协办大学士,权势显赫。

太平天国被扑灭了,清朝卸磨杀驴,只封了曾国藩一人为侯,这让跟着他的湘勇大失所望,满营都有反心。大家都集中在曾国藩的住处门口,就等着他一声令下,做造反的大事。早几年就有幕僚、学生、好友、亲属劝说他利用太平天国的造反,推翻满清,恢复汉家天下。但曾国藩是个稳重的人,也把理学看成性命,没有十全把握的事他是不会去做的。在大乱时,他都没有趁火打劫,现在大乱已被平定,残破山河要整顿,人民要安定,再加上湘军元气已伤,人心思定,他更不会去做这样的事了。曾国藩面对一干吵吵嚷嚷的部下,什么话也没说,在案上写了两句诗:"倚天照海花无数,高山流水我自知。"撂下笔就回卧室。亲近幕僚一看,就明白了曾国藩的心。于是所有湘勇都知趣地退下,一场新的动乱就这样被曾国藩化解了。

李鸿章是又一位因为平定太平天国而兴起的地方实力派。李鸿章是安徽人,年轻的时候就中了进士,成为翰林院的编修。但没过几天舒服日子,就遭遇了太平天国起义。于是李鸿章就回到家乡,办起了团练,准备和太平天国干一仗。1858年底,李鸿章孤身来到曾国藩大营,当了一名随军的幕僚,并成为曾国藩的得力助手。

1861年秋,为了增强镇压太平天国的兵力,曾国藩派李鸿章组建淮军。李鸿章在曾国藩跟前待久了,对他组建湘军的一套烂熟于胸,在组建淮军时,全盘复制了曾国藩的建军思想和形式,因此,招募计划很顺利。1862年3月,淮军顺利组建,其中,最著名的将领就是日后的台湾第一任巡抚刘铭传。

看到李鸿章办事如此得力,曾国藩十分高兴,不但亲自为淮军

制定各种制度,还选派湘军得力干将去淮军中任职,帮淮军打下一个好的基础。淮军成立不久,就遇到一个露脸的机会,太平军进攻上海,曾国藩派李鸿章领着淮军去救援。一到上海,恰好攻打上海的太平军力量不足,主动撤兵,让淮军不战而胜。以后,淮军不断在淞沪地区主动出击,创造了无数打败太平军的经典战例。

与湘军相比较,淮军最大的特色在于其武器和训练的近代化。淮军刚到上海时,打扮得就像要饭的,但不到一年,李鸿章就把淮军整治得有模有样,淮军的一切都仿照西方的军队,摒弃了刀枪等冷兵器,全部换上了洋枪洋炮,而且在训练方式上,也完全按照西方的军队进行,使得战斗力大大提升。可以说,淮军是中国第一支较为系统地接受西方先进武器装备和训练的军队。在与太平军的战斗中,淮军表现优异,也让李鸿章成为最具实力的地方实力派,并逐渐形成一个庞大的淮系集团,在晚清政坛上颇具实力和影响。

太平天国被扑灭后,余部和安徽、河南一带的捻军形成了一个庞大的军事集团,又开始向大清发动进攻。捻军以骑兵为主,行动迅速,尤其在与僧格林沁的交战中,将其蒙古铁骑全歼,并杀死僧格林沁,威名大振。

大清没想到太平天国刚剿灭,又来一个捻军,马上派曾国藩出马。曾国藩总结了僧格林沁兵败的教训,决定对捻军实施步步围剿的战略,在重点地区设防,修筑堡垒,不和捻军纠缠,而是逐步困死捻军。同时,对捻军活动的区域实施区分良莠措施,只要发现有人和捻军勾连,立刻杀无赦。

从战略上看,曾国藩的部署是有针对性的,捻军也因此走上了下坡路,但这套战略费时太久,大清等不及,就不停地催促曾国藩快点进军。曾国藩无奈,只好下令军队进攻,但此时曾国藩的湘军已经裁撤,所指挥的都是临时抽调的军队,不大听他的,而曾国藩又不具备直接领兵打仗的才能,所以几仗打下来,没什么起色。清廷很生气,直接撤换了曾国藩,让李鸿章和他的淮军上阵。

李鸿章主持剿捻大局后,在战略上并没有改变曾国藩的方针,在战术上则把捻军赶到了山东和江苏一带,用运河、黄河和胶莱河这三条河,把捻军框在中间,使得捻军的骑兵无法发挥作用,最后所有捻军都被李鸿章和他的淮军消灭。

在打败太平天国中出了大力,又剿灭了捻军,李鸿章在清政府的地位大大提升,他以会治兵、懂用兵、能打仗成了当时朝野中人们都信任的一个了不起的人物。李鸿章也由于这两件军功,被授予一等肃毅伯,有了伯爵的爵位。

第四节　洋务中兴,帝国和大臣之间的抉择

太平天国被镇压后,大清内乱的局面暂时消停了一些,在自强和求富的国策道路上,实际掌权的慈禧太后支持了洋务派,使得大清的洋务运动如火如荼地开展起来。一般印象中,慈禧应该是守旧派的代表人物,但在国难当头的关键时刻,慈禧也还是具备守旧派少有的改革之心的。

慈禧太后是权谋斗争的高手,在平定了太平天国之后,她和奕䜣之间的政治联盟也出现了裂痕。按照奕䜣的打算,慈禧就应该是摆设,国家大事自己说了算,最后以慈禧和皇上的名义发布就算完事。这让慈禧如何能答应?合着自己拼着掉脑袋的危险除掉了顾命大臣,又为自己请来一个祖宗?经过一番算计,慈禧又把奕䜣打发回家养老,算是彻底清除掉了满族的皇亲政治,转而依靠大臣的力量来治国。

在大臣的选择上,慈禧又玩起了平衡术,对于守旧派,她没有

一味地排斥,而是放几个人在高位上,对洋务派进行监督,稍有不高兴,守旧派就上书指责大骂,慈禧也不加制止,目的就是让洋务派老实干事,不要有什么非分之想。而洋务派则占据实际权力,在地方大搞基本建设,兴办了一系列近代工业和军事项目,洋务派的代表人物就是曾国藩、李鸿章和张之洞等人。

在洋务派大臣中,李鸿章是最具世界眼光的大臣,他认为中国已经成为西方各国争夺的一块肥肉,以中国目前的实力,要打赢对列强的战争,是痴人说梦,而要避免灭亡,就必须学习军事和工业技术。因此,他联合一帮大臣,实施了一系列向西方学习的举措,如开设同文馆,选派青年人学习西方的科技技术。但洋务派的行为遭到了守旧派的反击,大学士倭仁就反对,认为让外国人来教中国人学习西方技术,是一种耻辱。守旧派占据了道德制高点,洋务派无从辩驳。慈禧见大家都驳不倒他,就下令让倭仁负责同文馆教学事宜。倭仁除了之乎者也,哪里懂什么科技?马上就认尿,说再不反对这事了。

慈禧太后虽然在某些方面赞同改革,但由于缺乏一定的文化素养,只是把洋务运动作为一种权谋来维持朝堂上的平衡,对于西方的科技和文化,还是一无所知。对于大清所面临的严重社会问题和外部威胁,并没有清醒的认识,只是在外力的刺激下,才被动地进行改革。

不管慈禧怎么想,李鸿章等洋务派还是利用慈禧的支持进行了改革,尤其是在建立近代海军方面,李鸿章功不可没。

建立一支海军,是李鸿章基于现实而产生的想法。他目睹过西方依靠坚船利炮轰开中国的大门,知道如果没有强大的海军,中国永远只能被动挨打。因此,李鸿章下决心要建立一支可以与西方抗衡的海军。

1870年,李鸿章就任直隶总督和北洋通商大臣,在此后的十年时间里,李鸿章花了几百万两银子,终于建成了当时世界上比较先进的一支海军——北洋水师。

　　北洋水师建立后,李鸿章特地雇用了外国人担任教官来训练水师,同时还建立了海军学堂来培养海军人才。后来中国的许多海军人才基本上都是从李鸿章创立的海军学堂里培养出来的。同时,李鸿章还选派了许多学员到英国深造,回国后都担任了舰队指挥官。但由于这些人年轻,在中国这样一个讲究资历的国家里,是不可能担任水师统帅的。于是李鸿章就选了丁汝昌这么一个陆军将领担任海军提督,还聘请了国外专家担任顾问。

　　在很长一段时间内,大清的洋务运动都是在这样的情况下开展起来的,虽然国力有所增长,但内在的根子没有改变,对避免日后的覆灭,没有起到多少积极作用。

第五节　母子间的战争

　　同治六岁登基,自然不可能处理朝政,所以大小事情都是由慈禧决定的,此时他的主要任务就是学习。大清皇族对皇子的教育是比较严格的,所学的功课光语言就有蒙古文、满文和汉文三种,至于骑马、射箭等就更不在话下了,这对于处于童年时期的同治来说,无疑是一种折磨,尤其是背诵深奥的古文以及练字,都是他不怎么喜欢的。所以学习对于同治来说,就是一项繁重的体力活和精神折磨。

　　同治看起来应该是一个天资不错的人,如果教育得法,日后的发展应该是不错的,但同治的童年却很不幸,幼年丧父,使得同治缺乏父爱,又目睹了母亲和八大臣之间的对抗,给他的心灵造成了

不小的冲击。而慈禧又是一个热衷于权势的女人，只想着在宫廷斗争中占上风，根本就来不及给予他母爱。所以同治只能跟一帮太监在一起玩耍，导致心智不是很成熟，只想着玩，越来越不爱学习。

就这样，一直到十六岁同治大婚时，他的学习一直不见起色，不仅理解不了最基本的经典著作，甚至连文章的断句都不会，一篇简短的文章，念起来也是结结巴巴，写字也是错字连篇，完全不像皇帝应有的水平。

同治与慈禧虽然是母子，但母子间的情分非常淡薄，而且到后来完全是势同水火，这在宫廷里，也是公开的秘密。同治每天向两位太后请安，但只和东太后慈安说话，对自己的母亲慈禧则是爱理不理。

慈禧太后权欲太盛，哪怕是属于自己儿子的权势，她也要争。按道理，皇帝十八岁了，应该亲政，但慈禧还是不愿交权，对儿子的一切都横加干涉，尤其在同治的婚姻问题上，导致母子间彻底失和。

同治的婚姻是帝国大事，两宫太后都想做主。尤其是东宫太后，本来对垂帘听政就不感兴趣，想着慈禧已经管了那么多事情，那么在同治的婚姻上，她总能做主一回吧？不想，慈禧连这件事也不愿意让，偏偏两个女人选定的皇后又不是一个人，结果就起了争执。争到最后，谁也说服不了谁，就决定让同治自己选择。

同治早就想表明自己和慈禧不在一条线上，马上就选了东宫太后所选的女人——阿鲁特氏。两人婚后的生活很幸福，却让慈禧很不爽，觉得儿子不站在自己这一边，让自己丢了面子。

同治大婚后，按道理应该亲政了。但面对慈禧这样一个强势女人，同治亲政自然是掺杂了水分的，偏偏有其母必有其子，同治也是个性格倔强的人,想着既然自己亲政了,母亲就不能来干涉。因此有什么事,他就不让大臣通报给慈禧,而慈禧擅权,非要同治来通报,母子间的战争愈演愈烈。

慈禧不仅干涉同治亲政,对同治的私生活也干预得很厉害。同治的皇后不是她选的,但两口子恩爱,她看不惯,就不断挑刺,还不许同治夫妻同居。同治无法违背慈禧的旨意,但也不愿意就此屈服,干脆选择了独居。

皇帝受气,皇后自然也逃不掉。皇后阿鲁特氏对于慈禧的强横,只能委曲求全,但表面上绝不流露出半点不满,对慈禧太后仍是恭敬。但是慈禧对她的反感却丝毫无减,这主要也与阿鲁特氏的性格有关。

阿鲁特氏为人不苟言笑,也不善逢迎。加上从小受礼教熏陶,端庄正派,而慈禧的低俗在她面前就显得非常让人看不过眼。有一次,阿鲁特氏陪同慈禧看戏,当台上演到男欢女爱时,慈禧觉得很有意思,但皇后想在皇宫内看这种戏,成何体统?于是转头面壁,不愿观看,慈禧劝了多次,阿鲁特氏也不愿回头,这让慈禧非常难堪,觉得她太能装了,心里越发厌恶。

阿鲁特氏身边的人劝她要讨慈禧欢心,处理好与慈禧的关系,她却不以为然,认为对长辈尊敬即可,阿谀奉承没有必要。皇后的家人见她敢惹慈禧这母老虎,都很担心。她反而安慰道,她奉天地祖宗之命,由大清门迎入,地位不是轻易可动摇的。

因为清制规定,皇帝大婚时,只有皇后的凤舆才能经过大清门、午门、太和门到坤宁宫"降舆",其他宫妃只能由神武门进宫。慈禧只是贵妃,没资格进大门,所以,自己的身份比慈禧要高贵,她能把自己怎么样?慈禧听了,更加生气。

母子战争加婆媳战争,同治和慈禧之间虽然没有撕开脸面去

吵架，但已经是完全对立了。

第六节　是天花还是梅毒害死了他

同治虽说是皇帝，但大权都被慈禧把持，在十二年的皇帝生涯里，名义上的亲政只有一年，就是在这一年的时间里，干得也不痛快。面对强势的母亲，同治无能为力，心里的郁闷就不要提了。

同治反感慈禧对自己的干预，于是，就想出一个办法，为两宫太后修一座园林养老，这样，只要把慈禧关进养老院，自己就可以完全亲政了。

想到就要做到，同治利用自己亲政掌握的不多的权力，下令为太后修园林，虽然慈禧什么事都要干预，但同治这一次以为自己修园林的名义发令，总不能阻止吧？况且，慈禧也是个喜欢享乐的人，因为自己当政，所以不好意思下令为自己修园林，现在儿子以皇帝的名义做了，当然高兴，所以也没怎么管。

同治见慈禧不管，认为自己的计策成功了，马上就下令园林要修得大气华丽，现有的园林改造什么的，都没意思，干脆，重修被英法联军烧毁的圆明园吧。大臣们一听，都吓傻了。重修圆明园？那是多大的工程？得花多少钱？现在国库里能有多少钱？支撑得起这么大的开销吗？皇帝才第一年亲政，就干这么不着调的事？于是，都表示反对。

但不管大家怎么反对，同治还是坚决要重修圆明园。最后闹到慈禧那里，慈禧说既然工程浩大，国库没钱，就不要重修圆明园了，而皇帝有孝心，也不要让皇帝的希望落空，就修个小点的园林吧。最后决定修颐和园。

修园林的事解决了，同治也很高兴，恨不得这园林能快点修完,让母亲快点住进去,以后不要再干涉自己了。于是每天都要过问园林的修建进度,还亲自去察看工程建设情况。一天视察完工程进度回宫后,就觉得身体有些不适,他竟然病了。本来以为只是偶尔的感冒,没想到病情却越来越重,赶紧把太医喊来看看是什么病,太医认为是感冒引起的发烧,吃药就能好。结果药吃下去,还不见好,到后来,同治的耳朵旁还出现了大批的丘疹。太医一看,大事不好,皇帝这是得了天花了。

满人在关外,因为气候寒冷,所以一直不知道什么是天花。进入关内后,天花就成了满人的最大杀手,王公贵族中有很多人都死于天花,到后来,连顺治皇帝都没能躲过。现在天花又闯进了皇宫,大家一下子都觉得大事不好了。

对付天花,当时的中国人没有什么好的办法,只能按照传统习俗办事,宫内外供奉痘神,到处张灯结彩,花衣悬红,又传令民间百姓不许炒豆,不许当街泼水。所有这些事做完了,又酝酿了几天,两宫太后再次垂帘听政。

看到母亲做的一切,同治感到非常悲凉和失落——亲生母亲在这个时候还是想着权力,并不顾自己的儿子患了要命的病症。尽管如此,同治的病却还是一天天好了起来,得天花最忌讳的就是痘发不透,那么病毒就不会散发出来。而此时同治满头满身的痘都饱满成熟,出了脓头,这意味着最危险的关口,同治已经闯过来了,如不出现大面积感染,就只等结痂痊愈了,以后也不会再受这可怕的病毒折磨。但是,到了农历十一月,同治的病情却突然转危,身上红肿溃烂,六天后,腰部溃孔与臀部脓疮连到一起,溢出的脓每天多达一茶碗。熬了半个月,终于病故。

由于同治死时很年轻,所以关于他到底是怎么死的,就有很多说法,其中流传最多的就是同治淫荡,喜欢逛妓院,结果染上了梅

毒。其实这种说法并不确切,同治虽然没出息,但也不至于对民间的妓女感兴趣,而且清宫门禁很严,当时又是乱世,他就是再有兴趣,宫里的守卫、太监也不会放他出去与妓女鬼混的。而且他死的时候年龄不大,也没有什么社会经验,北京城那么大,他也不大会知道妓女在什么地方。所以综合起来看,同治死于天花,应该是比较靠谱的。

　　事实上,天花虽然厉害,但也不是绝对没办法治疗的绝症,康熙就得过天花,不就挺过来了吗?而且自康熙时期起,就开始对天花采取主动策略了,朝廷成立了专门的诊所,由太医坐镇,要打赢一场对天花的战争。等到了嘉庆时期,西洋的牛痘法也传到了中国,这本来是更安全和更经济的防天花的法子,但大清一向对洋人的玩意看不起,御医不服,觉得这与中国传统方法比,强不到哪去。真要用了洋人的方法,那还成什么体统?于是就拼命反对。在爱国心地驱使下,没有推广。这就使得天花在中国还是一种传染病,到了同治时期,传染范围扩大,得病人数增多,总有两成的人要得天花,同治就是不幸人群当中的一员。但慈禧比老祖宗更守旧,还是坚决反对用种牛痘的法子对付天花。因为这有违祖制,再加上对洋人的恨根深蒂固,所以安全的牛痘法被抛弃,使得同治"中奖"了,死于天花。因此如果采用了西方牛痘术进行预防,同治也许就不会死于天花了。

第十一章

腰杆硬不起的皇帝

同治去世,载湉即位,这就是光绪皇帝,与同治相比,光绪的命运更加悲摧,他想有所作为,却不断受到慈禧牵制,好容易自己主政变法,却被一群狂妄书生给弄坏了事,最后十几年完全变成了一个木偶,看着大清局势一天天糜烂下去却无能为力。

第一节　最不寻常的即位

同治驾崩,对于慈禧来说,并不是很悲痛,毕竟母子间的感情早就荡然无存。所以在同治患病期间,慈禧要紧的事是重新垂帘听政,走到前台,目的是什么？确定谁当皇帝。

不要以为这是个很简单的问题,虽然皇族里能当皇帝的人很多,但家天下的规矩,又把许多人排除在外。首先,天下是咸丰的,所以按照家天下原则,就必须由咸丰的儿子来继承。但咸丰只有一个儿子怎么办？也好办,就找与咸丰血缘最近的人来继承。按照传统,现在接班的人应该算是同治的儿子,从辈分上应该比同治低一辈,所以找继承人应该在"溥"字辈里找。但慈禧不同意。这样一来,即位的皇帝年龄虽然小,即使需要母后垂帘,那负责的也只是同治的皇后,总不能麻烦她这个皇太后来垂帘吧？更何况慈禧与同治的皇后也是水火不容,慈禧怎么也不愿意看到同治的皇后掌权。因此她提出,应该找一个和同治同辈的人当皇帝,以后生了孩子,就算是同治的后裔,这样咸丰的香火就不会断了。

原则问题确定了,剩下的就是找人的技术活了,而且可选择的余地也不是很多,第一个考虑的就是恭亲王奕䜣,他是咸丰所有弟弟中最有能力的人,而且他的儿子载澂年龄与同治帝相当,最为合适。但是恭亲王奕䜣自己能力强,却不会教育儿子,载澂是一个除了正经事不会什么都会的花花公子,而且还是同治帝的玩伴,同治身上的坏毛病,可以说都是他带出来的。因此,别说慈禧不高兴,就连恭亲王自己都觉得自己的儿子不是东西,是绝对不能当皇帝的。因此,恭亲王家的载澂,很简单地被排除了。

恭亲王之外,咸丰帝还有一个弟弟叫奕譞。醇亲王奕譞在十

几年前慈禧发动废黜顾命八大臣时贡献很大,与慈禧太后的关系也不错,而且他的福晋就是慈禧太后的亲妹妹,双方可以说是完全的亲戚关系。

醇亲王奕𫍽与慈禧太后的妹妹此时有一个儿子叫载湉。载湉生于1871年,这个时候还只有五岁,比当初的同治还小一岁。如果就血缘关系而论,载湉是咸丰帝的亲侄子,是儿子之外最近的后辈;从慈禧太后方面说,载湉是太后的亲外甥,也是除了儿子之外最亲近的晚辈。双重亲近使载湉理所当然地成为最佳也是唯一的候选人,因此,慈禧拍板,就是他了。

处理完了同治的一切事宜,就要开启一个新时代了,但是载湉年纪很小,还从来没有离开过家,现在要被抬进皇宫,他不认为当皇帝是什么好玩的事,不停地哭泣。醇亲王奕𫍽也觉得在这个乱世接班,不是什么好事情,所以也在那里哭。但慈禧可不管那一套,直接让人把载湉接进宫来,准备即位。

等到载湉被接进皇宫,先被带到了西暖阁,在那里,他先向两宫太后磕头,接着又被带到东暖阁,向摆放在那里的同治遗体磕头,算是祭奠死去的皇帝,然后就由太后安排,住在养心殿。

1875年正月二十日,两宫太后下旨,让载湉在太和殿接受群臣的朝拜,并祭告天、地、庙、社,宣告光绪时代来临。

光绪即位时,还是个小屁孩,自然不能处理国事,所以又按老规矩办,麻烦慈禧不辞辛劳,再次垂帘。这对于慈禧来说,她是非常欢迎的!于是第二次垂帘的大戏上演了。

确定了同治的继承人,剩下的就是要解决同治的皇后阿鲁特氏了。这个同治的皇后,慈禧看着就讨厌,而阿鲁特氏因为同治死了,也非常悲痛,不思饮食,还吞金自杀,只是抢救及时,才没有死去。皇后的父亲去问慈禧:"我女儿该怎么办?你不喜欢她,我接她回家怎么样?"慈禧冷淡地说:"可以跟大行皇帝一起去吧。"意思就是应该殉夫而死。不管是自杀还是病故,皇后于 1875 年农历二月十二日去世。

小皇帝登基,对于大清不是什么新鲜事,从顺治到康熙,都是幼年登基,而同治登基时,也是小孩子,现在的光绪比同治当年还要小,因此,加强对儿童皇帝的教育工作,就刻不容缓了。

自然,这一切又都是由慈禧做主。她选了内阁学士翁同龢做光绪的老师。光绪刚开始上学的时候,还比较认生,尤其在皇宫这样一个不熟悉的地方,父母又不在身边,这样的环境下,要想学习好,是不可能的。于是慈禧就让光绪的父亲每天来皇宫里陪光绪。看见父亲在,光绪才安静下来,开始认真读书。

光绪非常聪明,学起来非常快,而且也非常好学,就是走路或者站立时,都不忘学习。而且他还不喜欢死读书,很会产生联想。一次,翁同龢讲到"财"字,光绪听了意思,就说:"我不喜欢'财'。"然后又说:"我喜欢'俭'字,有了它,真是天下的福气啊。"此时,光绪还是一个六岁的小毛孩。

光绪整整上了十年的学,在这十年里,他系统地学习了儒家经典,并对自己皇帝的身份和职责有了很深刻的认识,并决心今后要做一个爱国爱民的君主。

在光绪为当君主做准备的十年时间里,大清没有消停,发生了许多大事,先是东宫太后慈安病死,剩下慈禧一人垂帘听政。1882 年,中法战争爆发;1884 年,法国军舰闯入马尾军港,到后来,战争越打越大,波及台湾。法国人没打赢,大清在镇南关取得大捷后,依旧和法国签订了《中法新约》,双方停战。1885 年清政府正式设立台湾巡抚,刘铭传当了第一任台湾巡抚,而属于光绪的时代,却还无法真正开始。

第二节 女人的阴影

光绪即位,对于慈禧是最好的选择。无论从辈分还是亲缘关系看,选择光绪,对于慈禧永久掌权,都只有好处没有坏处。因此,在光绪少年时,慈禧吸取了以前不关心自己儿子同治的教训,对光绪呵护备至,尽心培养,希望在两人之间培养出特殊的感情。

从光绪入宫后,慈禧就叮嘱宫中的太监和宫女,让他们教光绪喊她为"亲爸爸"。这听起来有些莫名其妙,慈禧是女人,喊亲妈才对,怎么喊亲爸爸?其实,这正是慈禧性格倔强的表现,她统领着大清度过了咸丰时期的危机,迎来了中兴时刻,这重任放在一个男人身上,也是无法完成的。咸丰不就是因此而自暴自弃,自寻死路的吗?所以,慈禧认为自己的业绩非常出色,不亚于大清以前的那些皇帝们。在外面,她不能让别人喊她皇帝,但在深宫里,让光绪喊她亲爸爸,绝对能满足她的虚荣心。

光绪也非常听话,让他喊什么就喊什么,后来,"亲爸爸"这个称呼就一直保留下来了,一直到光绪长大成人,他还是喊慈禧为亲爸爸。

说起来光绪是一朝之主,是至高无上的皇帝,但是,朝中的一切,都是慈禧说了算,他也就是一个橡皮图章而已。而慈禧也不想光绪像同治那样长大了就反抗自己,所以,把光绪管束得非常严。慈禧规定,光绪必须每天到她面前跪着请安,不叫起来,就必须一直跪着。光绪也非常害怕慈禧,在那里跪着请安时,连头都不敢抬。到后来,简直到了听到太后传唤就害怕的地步。

就这样,等到光绪十六岁,按照祖制,应该归政了,慈禧却不愿意这么做,但这是祖制规定,由不得慈禧,想不归政,就要找出理由来。没办法，在1886年农历六月初十，慈禧不得已，下了一道圣旨，把皮球踢给了大臣，说："以前我垂帘听政是不得已的，现在皇帝长大了，按照祖制，我应该归政了，所以等到今年冬至的时候，由皇帝主持大礼，再让钦天监选择一个好日子，到明年就举行亲政典礼。"

光绪的亲爹奕譞是个人精，一看这旨意说得不那么情愿——明年亲政，今年就要大家做准备，准备什么？不就是准备如何找个借口，让慈禧继续掌权吗？所以他马上想出个办法，说现在大清还离不开太后掌舵，应该请太后继续训政几年。慈禧正愁自己没办法继续掌权，一看训政，大喜，这是个好主意，还不违背祖制。于是马上下旨说："我应该照祖制归政，但归政后还是要按照下面的规矩办，有什么大事，要第一个让我知道，我说了怎么办之后，再去向皇帝汇报。想光绪那么小的年纪继承皇位，为了教育他怎么当好皇帝，我是十几年如一日地付出心血，所以就是皇帝亲政后，我也要搞好传帮带的工作。"大家一看这道圣旨，算是明白慈禧的真正想法了。于是其他大臣争先恐后地上书，说大家离不开她，无论如何太后要继续训政几年才行。

慈禧一看，大家都发动起来了，更高兴了，假惺惺地说："既然你们大家都这么说，如果我拒绝，那天下就该议论我太自私了。那就按你们说的办，皇帝亲政后，我再训政几年吧。"就这样，慈禧不但能继续掌权，还赢得了主动归政的好名声。只是可怜了光绪，好容易盼来自己说了算的时候，却还是无法自己说了算。

这种训政的局面又维持了两年，到光绪十八岁的时候，再不归政，就无法说服人了。于是慈禧又说："前两年我准备归政，结果被大家挽留，让我训政，现在皇帝十八岁了，能耐也见长，国家大事也能独立裁决，所以，我该彻底归政了。那么，就等皇帝大婚后，我就

归政吧。"

慈禧把归政的日子定在皇帝大婚后,也是有讲究的,那就是通过为皇帝挑选皇后,进一步把皇帝控制在自己手中。上次有两位太后做主,所以皇后的候选人不一致。现在,只有自己一个人,皇后是谁,就是自己说了算了。

即使这样,慈禧还是接受了在同治身上的教训,没有经过光绪的同意,直接给光绪下诏说:"皇后我已经替你选好了,容貌脾气都满意,你就立她为皇后吧。"慈禧为什么如此热心为光绪选皇后?因为这个皇后是自己弟弟的女儿。现在好了,皇帝是自己妹妹的儿子,皇后是自己弟弟的女儿,而未来的皇子也逃不了和自己家族的关系。这样一来,大清的权力就会牢牢地掌握在自己手里了。

1889年,光绪终于在大婚后,迎来了自己掌权的日子。

第三节 甲午战争

日本一直都是跟在中国后面亦步亦趋的,但当中国在第一次鸦片战争中输给了西方列强时,日本发现中国的那一套不管用了,于是马上改弦易辙,向西方学习。并且在明治天皇时期,完成了向近代国家的变革,建立了君主立宪政体。由此,通过一系列的改革,使得日本迅速走上了强军道路,并成为当时亚洲最强大的国家。

日本强大了,就想着要当世界霸主,但目前亚洲的老大还是大清,如果不把大清打下去,有谁会承认日本的地位呢?因此,日本就想着应该找个机会,把大清打翻在地,自己当亚洲老大,然后占领中国,以此为跳板,图谋称霸世界。

大清对日本的野心也是有警惕的,中法战争后,大清觉得自己的软肋进一步被暴露,不怀好意的日本一定会发现。因此,特地针对日本加强了海防,大力建设北洋海军,购买军舰,希望以此为优势,震慑日本,打消日本侵略中国的野心。军械方面虽然先进了,体制落后的肌瘤却难以在短时间内改正。北洋海军体制不顺,编制落后,管理混乱,训练荒废,战斗力低下,无法从根本上形成对日本的威胁。

1894年,朝鲜发生"东学党"起义,因为朝鲜是大清的属国,所以自然就要向大清求救。大清不敢怠慢,立刻派兵进驻朝鲜。日本觉得这是个千载难逢的机会,马上以保护侨民为借口,也派日军入朝。

大清军队和日本军队在朝鲜相遇,大清的军队是来镇压朝鲜事变的,而日本是来占领朝鲜的,双方的矛盾根本无法调和,日本也不想调和,所以双方只有打了。大清军队的主要首领是袁世凯,还算是个人物,镇压朝鲜事变时很得力,但遇到日本军队,就不行了,被日本军队一个冲锋,就打得丢盔卸甲,直接往鸭绿江溃逃。

中日开战,以光绪为首的主战派觉得大清打英法打不过,打日本还是可以的,因此,就主张开战;而以李鸿章为首的主和派认为不应该盲目开战,应该让西方列强出面调停,能不打就不打。慈禧正要过六十岁生日,想着要是打仗,自己生日就过不成了,所以也反对开战。

高层不愿意打,希望西方列强调停,但西方列强此时很讨厌大清政府,觉得他们什么都不按国际规矩来,现在挨打了,想着国际规则了,对不起,就让日本人打他们一顿再说。正是因为缺乏准备,导致政府上下手足无措,最后看到开战无法避免了,只好强令李鸿章主持大局,打!

李鸿章无法,命令北洋舰队集结在黄海,然后又向朝鲜派遣数

万大军，由叶志超率领，赶赴平壤。不想，叶志超是个怕死鬼，到了平壤，却不敢守城，日军一攻城，叶志超就率先逃跑，让日本毫不费力地占领了整个朝鲜。

日本没想到大清这么不经打，追着大清的军队就收不住脚了，一下子追到中国境内，致使战争的范围扩大。而在黄海，日本海军也和北洋舰队展开了一次较量，北洋舰队的军舰被击沉五艘，而日本的舰队也有五艘军舰受伤。

本来这一场遭遇战双方半斤八两，但日本却打出了信心，陆海军双箭齐发，陆军进攻东北，如入无人之境，一下子就打垮了大清在东北的防线，并且进逼山海关。只要打通了山海关，就可以实现日本在直隶平原与大清进行决战的计划，而日本海军也于1895年1月20日，完成了对威海卫军港中北洋舰队的包围。

北洋舰队是当时亚洲最大的海军舰队，在世界上也是排得上号的，被日军困在军港内，却没有半点行动决心，从舰队司令到士兵，都只想着如何熬过这一难关。而李鸿章给舰队的命令也奇怪，那就是不能打，要保船。这样，从上到下，都无战意，也就没有战争准备了。日军见机不可失，就命令北洋海军投降。丁汝昌见到了这个地步，就下令沉船，但军人拒绝接受命令，他们逼着丁汝昌下投降的命令。丁汝昌拒绝，选择了自杀，于是，剩下的海军将领就盗用了丁汝昌的名义，向日军投降。北洋舰队至此全军覆没。

虽然到目前为止，大清惨败，但日军此时也已经到了极限，再也攻不动了。如果大清敢于放日军进入华北平原进行决战，即使打不赢，日后谈判的条件也不会那么丢人。但此时，从皇帝到平民，都吓破了胆，全都要求不要打了。于是，光绪派李鸿章去日本求和。

战败之将哪里有什么资格谈条件，日本提出赔款和割让台湾岛、辽东半岛、澎湖列岛等为条件,只允许李鸿章说同意还是不同意,根本就不进行谈判。最后,李鸿章只能签署了《马关条约》。

第四节 变法图存,无法玩下去的游戏

甲午战败,极大地刺激了光绪,而被刺激的大清子民则更多。大家想不通自己怎么会被日本打败了,想来想去,找到病根了。因为日本经过了明治维新变法,成为一个君主立宪的国家,所以国家强盛了。那么中国也应该变法图强,要不然,以后真的会被日本欺负得抬不起头。于是,变法的声音在中国响起来。

在要求变法的声音中,最出名的就是广东人康有为和梁启超。两人为变法而成立了强学会,在全国各地发展会员,鼓吹变法,一时声名大噪。

光绪也因为甲午战败有了改革的意愿,但他也知道,自己这个皇帝是空头皇帝,当不得真,慈禧一天不放权,自己就难以实现变法图强的心愿。于是他向慈禧表示,不想做亡国之君,如果不给权力做事,他宁愿退位。有了不做皇帝的决心,自然也就敢于做事了。光绪利用手里的权力,提拔了一些具有改革意识的官员,如谭嗣同、林锐、杨旭等人为章京,开始了自己的改革进程。

改革的旗手是康有为,大清改革朝何处去,改革如何进行,康有为都没有一个定论,但他善于鼓吹,又看了许多国外介绍变法和法律方面的书,然后又根据中国儒家学说,创造性地开发出具有康有为特色的向西方学习的变法理论,意图在大清境内推行。

光绪对改革自然一百个拥护,而慈禧基于现实的紧迫性,也同意光绪进行有限的改革,但这个有限是什么范围,慈禧却没有明说。光绪管不了这些,他一方面让康有为继续为改革呐喊,一边通

过谭嗣同等人发布革新条例，在不到一百天里，就颁布了包括废除八股、裁减冗员、淘汰官吏、鼓励开矿等措施。

从改革的过程看，光绪的目的很简单，那就是通过中央发布命令的形式，从上至下，形成改革的洪流，迫使地方政府行动起来，进行破旧布新的改革。只不过他这个皇帝的权力有限，根本不可能对违背中央政府命令的地方官吏进行处分，而慈禧表面上支持变法，实际上采取观望态度。保守派以慈禧的态度为准，只要太后不发话，大家就不干活。

面对这种情形，光绪着急，康有为也着急。他认为目前改革不利的原因就在于守旧派后面有慈禧撑腰，导致皇帝手里没有实权。因此，要想改革方针贯彻下去，就必须把慈禧这个老太婆除去。慈禧此时也对改革形势做出了判断，认为康有为的主张就是胡闹，改革措施动摇了大清的国本，大有废除的必要。于是，双方都开始进行准备。

光绪最先感觉到危险，因此，他给杨锐发出密诏，让他赶紧召集人想办法说服慈禧同意改革。杨锐拿着密诏，找到康有为，说："皇帝目前很危险，我们大家应该怎么办？"康有为出了个馊点子，说："目前只有发动兵变，囚禁太后，让皇帝得到实权，这样，改革才能进行下去。"于是，大家商议，让谭嗣同去找袁世凯，请他在太后和光绪在天津阅兵的时候，发动兵变，抓住慈禧，保护光绪掌权。

谭嗣同立刻找到袁世凯，请他帮忙。袁世凯很狡猾，假装答应，糊弄走了谭嗣同，马上就去北京找上司荣禄，把谭嗣同等人的计划全盘托出。荣禄听了，大吃一惊，连忙带着袁世凯就往北京赶，想着要赶快告知慈禧。不想，等他们赶到北京，慈禧已经发动了政变，囚禁了光绪，并发布命令，捉拿康有为等维新党人。

康有为和梁启超等人早就得知会有政变发生，康有为化妆，乘船离开上海到香港避难,而梁启超则躲到了日本使馆。谭嗣同本来是可以逃跑的,但他拒绝了。他到日本使馆找到梁启超,表明了自己愿意为变法而流血的心意,然后回到家里,坐等被缉拿。两天后,谭嗣同被抓。

政变发生后,慈禧对维新派要囚禁自己的行为深恶痛绝,不仅将谭嗣同等人处斩,还废除了维新条例,将光绪囚禁在瀛台,使得具有进步意义的变法胎死腹中。

第五节 神灵救国

维新变法失败后,所有具有进步意义的法令和措施都被撤销,大清又把中国固有的社会矛盾都引向西方列强对中国的侵略。当然要大清去和西方列强开战,是不可能的,但不妨碍清政府在民间点燃对外国人的仇恨之火。其中,与西方传教士的矛盾最明显。

第二次鸦片战争后,西方传教士进入中国传教,很难被中国人接受。但传教士都有不达目的不罢休的精神,他们在中国买地修建教堂,大有把传教事业永远进行下去的势头,还配合西文侵略与扩张进行活动。

传教士在中国的行为,引发了人们的不满,尤其是洋人有特权,传教士在传教过程中,用各种好处引诱普通民众入教,而只要入了教,以后与不是教徒的中国人发生纠纷时,由洋人出面,施压大清官府偏袒教民。这样的事情发生多了,引起了越来越多的中国人的不满。终于,大规模的反抗发生了。

山东是最早爆发义和团运动的地方,但开始的时候,义和团并不以反洋人为主,而是直接和官府发生冲突,但也不是因为造反,而是因为帮会之间的冲突。早期的义和团被镇压后,经过改头换

面,突然以"扶清灭洋"的口号出现了。义和团的团民在山东地面上不断捣毁教堂,驱逐传教士,还殴打信洋教的中国教民,当时山东巡抚毓贤暗地里纵容义和团胡闹,最终导致义和团杀了传教士。

事情闹大后,清政府把毓贤调离,换袁世凯上任。义和团找袁世凯商量,说自己有神功,能打败洋人,希望袁巡抚能支持自己的正义行为。没想到袁世凯不信那一套,对义和团大开杀戒,使得义和团在山东无法立足,只好跑到河北、直隶地界去了。

到了河北、直隶地面,义和团一下子就找到了最适合发展的土壤,不仅义和团发展壮大,而且各种与义和团相似的组织也全都冒了出来。这些组织都以各种神仙为号,团结在义和团周围,对一切带有洋玩意印记的东西进行破坏,烧教堂、破坏铁路、扒铁路,无所不为,最后觉得不过瘾,干脆开杀戒,杀传教士、洋人以及中国教民。

此时,慈禧正为要撤换光绪遭到西方各国的反对而恼火,马上有人向她汇报,说义和团不怕洋人,他们有神功,可以打败洋人。慈禧听了马上宣布义和团合法,并欢迎他们来北京。于是义和团纷纷来到北京闯世界。

1900年6月,进入北京的义和团有数十万人,进入北京后,义和团开始了他们驱除洋人的行动,本来只是欺负一下信教的中国人,但到后来,义和团自己都相信了自己真的会神功,开始主动向洋人发动进攻。

清廷不但不管还纵容义和团,到最后看见义和团灭洋的热情越来越高,觉得民心可用,于是在6月21日,正式向各国宣战。

慈禧想以前只有义和团打洋人,都已经占了上风,现在,大清的正规军开战了,洋人肯定马上玩完,然后乖乖地滚出中国。没想到,几万义和团在清军的配合下,竟然还攻不下一个使馆,这让慈禧有些清醒了,马上又让人去慰问使馆人员。

但此时道歉已经晚了,八个国家联合起来组成了联军,气势汹汹地朝北京杀过来。面对洋人的先进枪炮,义和团开始还不在乎,在廊坊还伏击了一次八国联军,占了一点便宜。等到八国联军开始重视起来后,再神勇的义和团也不是对手了。

慈禧知道这次自己闯了大祸,吓得马上带着光绪逃出了北京,然后下一道命令,祸是义和团闯的,马上向洋人借军队,一起剿灭义和团。于是,义和团成了过街老鼠,人人喊打。

八国联军进入北京,烧杀抢掠一番后,坐下来开会,商议是不是要瓜分中国,但大家商议后,觉得中国太大了,人又那么多,真要把中国人惹恼了,也是个麻烦,还是让大清自己去统治,大家只要钱就可以了。

在西安的慈禧听到这个消息,高兴坏了,立刻表示愿意拿出中华所有的物资,跟西方各国和好。于是,李鸿章在北京签订《辛丑条约》,赔款四亿五千两白银。《辛丑条约》的签订,使得中国完全沦为半殖民地半封建社会,清廷完全成了洋人的看门狗。

第六节　瀛台晚照

光绪被慈禧囚禁在中南海的瀛台,基本上已经无权过问任何事情了。慈禧恼恨他要囚禁自己,看着他都心烦。本想彻底废了他,但是洋人不答应。而光绪也对此感到绝望,基本上也不对朝廷的事发表意见。只是在义和团闹得最凶的时候,慈禧带着他去听大臣们的意见,看见大臣们一股脑地说要对洋人宣战,光绪才说:"你们是不想活了,大清打一个日本都打不赢,现在要跟八个国家一起开战?"当然,对于他的意见,慈禧是不会听的,还是向列国宣

战,最终被打得落荒而逃。

《辛丑条约》签订后,慈禧带着光绪回到北京,依然把他关在中南海的瀛台。瀛台是湖中的一个岛,一到冬天,岛上四面透风,冷得出奇,光绪帝在岛上的衣服除了他的那身龙袍外,连内衣都是旧的,更没有因为冬天来了,就给他另外加上厚一点的衣服,以至于光绪冷得发抖。

光绪居所大殿外面的窗户由于长时间风吹日晒,早已变得破烂不堪,冬天一到冷风直往里灌。光绪冷得受不了,连看守的太监也觉得这样对待一个皇帝,完全不应该,就上报工部,说皇帝住的房子,窗户都烂了,难道没有人看见吗?为什么还不来修?工部倒是很积极,马上派人来修,慈禧听说后,勃然大怒,直接让工部侍郎滚出去。从此以后,再也没人敢提为光绪修窗户的事了。

在瀛台,光绪的生活很单调,连半点娱乐活动都没有,慈禧对光绪看管极严,就是想动笔墨写写字都不可能,更不能随便游玩。有一天,光绪很无聊,见湖上有水鸟飞过,让小太监找把弹弓过来,小太监得令,马上拿了弹弓过来,给光绪打下两只鸟。正在高兴之时,慈禧听说了这件事,马上发了脾气,要追究是谁给的皇帝弹弓。小太监听到后,吓得投湖自杀,慈禧还不依不饶,怪其他太监监视不利,又杀了几个太监才算完事。

还有一次,湖上结冰,光绪冷得受不了,就带着几个小太监在冰面上玩。结果,又被慈禧知道了,立刻派人把跟随光绪的几个太监大棍打死,然后又派人把湖面上的冰凿碎。以后,只要湖面结冰,太监们就要拿家伙凿冰。

其实,慈禧是很想让光绪死掉的,这样,她才能再立新皇帝,继续名正言顺地掌权。但外国人却很同情光绪,使得慈禧投鼠忌器,不敢下杀手,只得想一些不被人察觉的办法。

有一次,天气异常寒冷,慈禧命人给光绪送一领裘皮大衣过去,说是为了帮他御寒。当然,慈禧是不会这么好心的,她对送衣服的太监说:"你把衣服送给皇上后,要提醒他,这衣服的扣子是金子做的,并且要一直重复地说。"

太监也不知道是什么意思,把衣服送给光绪后,就一直站在那里说:"皇上,这衣服的扣子是金子做的,纯金的。"太监一连说了十遍,终于惹得光绪大怒,说:"我知道太后想让我自裁,我偏不!"

光绪在瀛台待着,也在反思,他对别人说:"我不怪太后这样对我,因为毕竟是我对不起她。"当然,他不这样说,也就过不下去了。但对于袁世凯,光绪却是非常痛恨。他无事就在纸片上画乌龟,然后在乌龟上写上袁世凯的名字,再拿弓箭去射,射完后,再把纸片撕碎,似乎只有这样,他才会舒服一点。

终于,光绪的生命走到了尽头,1908年11月14日,光绪在瀛台孤独地死去,第二天,折磨了他一辈子的慈禧也去世了。正因为两人的死期只隔一天,所以民间一直有光绪是慈禧害死的传闻,当然,也有人说真正的凶手是袁世凯,因为他害怕光绪在慈禧死后,对他进行秋后算账,所以,才买通太监,对光绪下毒。

说法虽然有道理,但从留下的记录来看,光绪自幼体质羸弱,而且很小就被抱进皇宫,失去母爱,再加上慈禧对光绪管束很严,所以,光绪成长的环境是郁闷的,身心健康受到了很大的损害,在这样的环境下长大,身体素质不可能很好,所以有疾病很正常。

光绪成年后,病情更重,从现代医学角度看,光绪患有严重神经官能征、关节炎或骨结核,还有血液系统疾病,这些病在现代医疗条件下,都难以根治,更不要说在那个时代了。在光绪去世前半

年内,御医都认为他没救了,光绪也经常因自己病情不见好转而斥责御医无能。最后,可能是心肺功能慢性衰竭,合并急性感染,夺去了光绪帝的生命。当然,从根本上说,光绪帝病魔缠身,与慈禧对他的高压和折磨有很大的关系。

第十二章

王朝末日
—— 妥协和不妥协都救不了大清

大清在拒绝改革以及经历灾难的历程中,磨磨蹭蹭地来到了王朝末年。宣统成为倒霉蛋,他不是王朝灭亡的制造者,却不得不承受末代皇帝的骂名,人世间最悲哀的事莫过于此,如果能让宣统做一次选择的话,相信他不会选择去当这样一个皇帝。

第一节　小皇帝即位，心都凉了

1908年对于大清而言，是一个关键的年份，因为光绪和慈禧在这一年里身子骨都不行了，因此，作为大清的最高统治者，应该为大清的将来考虑了。首要的问题就是谁来坐那个位置。

按照千古以来皇位继承规矩，父死子替，但问题在于现在光绪没有儿子，所以，皇位继承人就应该重新选了。慈禧还是老办法，让大家发表意见。几个军机大臣说现在大清是多事之秋，外有强敌，内有叛乱，所以应该选一个有能力的长君来维持局面，这样大清说不定还能重新振作起来。

按理说，军机大臣的意见非常正确，都到这个时候了，再选个小孩子出来，怎么主持大局？又要弄一个辅政，那不是耽误时间吗？没想到，对于这样一个正确的意见，慈禧却非常生气，摆出一副臭脸，把军机大臣训斥了一顿。大家一听，原来又是要从小孩里选呀。于是就决定立三岁的溥仪为帝。

慈禧为什么要立三岁的溥仪为帝呢？因为溥仪的母亲是她的养女，也是自己的心腹大臣荣禄的女儿，有这么一层关系，说明慈禧还是要把皇权留在叶赫那拉家族里，自己已经要死了，但家族还在，权势还要传续下去，这才是最重要的事。

在选定皇位继承人时，光绪还没有死，当他知道这件事后，十分满意。因为溥仪是自己的亲侄子，溥仪的父亲是自己的亲弟弟，在他潜意识里，自己的侄子当了皇帝，或许能满足自己的心愿。

皇帝的人选决定了，照例又要把小皇帝抱来，让慈禧看看，结果三岁的溥仪一看到慈禧那副模样，吓得哭了起来。慈禧非常扫兴，就让人把溥仪抱走了。

了结完了这桩大事,慈禧也放了心。

11月15日的凌晨时分,慈禧就起来了,皇帝都有早朝的习惯,而对于已经掌握了大清政权四十多年的慈禧来说,早起已经成为她的习惯。

像往常一样,起床,即所谓"请驾"。但在前一天,因为光绪死了,所以作为最高统治者,要为皇帝的丧事忙碌,慈禧也是忙到很晚才休息。毕竟也是一个老太婆了,如此忙碌,对本来就有病的她来说,也是吃不消的。

正午时,慈禧开始吃午饭,吃着吃着,突然感觉头晕目眩,而且很长时间没有好转,慈禧知道自己大限已到,马上把重要的大臣们都召集起来,商议大事,最后敲定太后管重要之事,监国摄政王裁定。

确定完这件事之后,慈禧病情越发严重,便命令军机大臣起草遗诏。军机大臣将起草的遗照呈上,慈禧阅后,改了几处,强调以后不能再由女人来训政。她对身边人说道:"我毕生垂帘听政数次,不了解的人认为我是贪婪权力,实际上是迫于时势不得不做出此决定。"这个时候的慈禧还如往常一样,头脑清晰,神志清醒,旁边的人也知道,这是回光返照的光景了。没过多久,慈禧便开始逐渐昏沉起来,最后终于死去。

慈禧死了,小皇帝溥仪马上就要登基,不然国家没有皇帝,也是会乱套的。1908年12月2日,溥仪登基大典开始。

登基大典融宗教与世俗于一体:乐师、太监和牧师集结在太和殿,虽然大清此时已经日薄西山,但即使灭亡,这登基的仪式还是少不了的。这一天,天气非常冷,溥仪一个孩子,没见过这种世面,被那些声响弄得十分害怕,坐在又高又大的皇座上又惊又冷,浑身打战。侍卫内大臣和文武百官列队,一个个走到他面前,跪下后宣誓效忠。既是父亲又是摄政王的醇亲王载沣陪伴溥仪参加这场冗长、可怕的礼仪,溥仪当场就吓得哭闹起来,非要回家。

摄政王是个年轻人,处理这类事没什么经验,被儿子的哭闹弄得非常不耐烦,就对着溥仪说:"别哭别哭,快完了。"他一句无心的话,让下面的大臣听了,都觉得分外不吉利,快完了,这是说大清快完了吗?

第二节 骗人的皇族内阁

摄政王载沣负责处理国政,但他此时还是一个年轻的毛头小伙子,以前也没办过什么事,完全没有基层工作经验,之所以能掌握大清的最高权力,完全是因为他是皇帝的爹。但执政能力可不因为你是皇帝的爹,就能得到瞬间提升。所以,摄政王载沣在处理国政的第一天,就和大臣发生了冲突。为什么?因为袁世凯。

袁世凯出卖了光绪,这是大家公认的,虽然袁世凯觉得自己很冤,但光绪恨他也是事实。所以,作为前皇帝的亲弟弟,自然要为哥哥报仇了。按照载沣的打算,对袁世凯没什么好说的,不能直接拉出去砍头,也要拿把枪当着大臣的面毙了他,这样才大快人心。但军机大臣张之洞不同意。他怎么看载沣都觉得这人太毛糙,袁世凯现在是大清官场上的红人,是明星官员,手里还掌握着新军,这样的人,现在巴结他还来不及,怎么就想到要杀他呢?今天杀了袁世凯或许可以,但明天军队哗变谁有能力制止?

于是,张之洞苦口婆心地劝阻载沣说袁世凯绝对不能杀,要是看他讨厌,就让他离开好了,干吗要动刀动枪的?载沣虽然火气大,但也是个听得住劝的人,想着杀了袁世凯的确会有麻烦,于是,

就让袁世凯以脚有毛病为由,回家休息。

此时,大清已经确定要实行立宪制,载沣决定把这一既定国策继续下去,于是在1910年9月召开资政会议,决定由各省谘议局的代表等提出颁布宪法和组织内阁的要求,并且同意在1913年召开议会。

虽然召开议会的时间定了,但那些代表等不及了,1913年才召开议会,大清能熬到那一天吗? 不行,要提前开,赶快开。这时,资政院又提出现在实行的军机大臣制度已经过时,因为军机大臣按规定只是皇帝的秘书,所以责任不明,不能肩负管理国家的重任,应该改成内阁制。

军机大臣们这时也觉得不能再担任这个军机大臣了,因为这已经成为公众发泄的靶子,所以一个个都提出不干了。载沣见大家都要撂挑子也急了,说要实行内阁制也可以,但内阁没成立前,他们都不能走,首要任务是大家一起把内阁搞起来。

其实,军机大臣辞职,更多的是一场示威,也是在提醒载沣,你就是搞内阁制,也应该知道如何挑选内阁成员吧。载沣也不是傻子,当然知道军机大臣们的心思。于是在1911年,经过一阵鼓捣,大清第一届内阁终于出台了。

按照立宪制度规定,大清以往的军机处都被裁掉了,全部由新的内阁制代替。但这个新内阁的所有成员,还都是原来军机处的原班人马,甚至连原来的办事机构名称都没怎么变,只是改了一两个字而已。同时内阁十三名成员当中,满族人占了九名,汉人只占四名,在满族的九名成员当中,其中又有七名是皇族成员,比内阁成员的一半还多。因此,这内阁又被称为皇族内阁。

整出一个皇族内阁也罢了,要真有能人能治理好国家,就算是皇族,子民也认了,更让人不能容忍的是,这个内阁的总理大臣竟然是近年来一直被弹劾,而且有着贪污受贿坏名声的庆亲王奕劻,如此侮辱国人智商,真是是可忍孰不可忍!

从内阁成员的个人素质看,皇族成员可以说没一个能拿上台面的,几乎可以直接送到垃圾堆里。但摄政王载沣却把这些人当宝贝,一个个都安排在重要的岗位上,掌握军政大权。这种做法,不要说汉人,就连满人都认为载沣是在自寻死路。而载沣这样做,明显是在做交易,希望这些内阁大臣能领自己的情,这样内阁成立后,自己就能继续发挥影响和掌权了。

皇族内阁的诞生,可以说是对坚持了几年的立宪改革的嘲讽,也暴露了大清政府立宪骗人的把戏,本来就严重对立的民族矛盾就更尖锐了。

第三节 革命的先行者

大清推出了皇族内阁,让更多的人认为已经不能再跟着大清混下去了,而推翻大清的人早就行动起来,孙中山,就是这样一个先行者。

孙中山是广东花县人,家里很穷,养不活一大家人,所以他哥哥很早就出洋谋生。后来在国外站稳了之后,就想着要把孙中山接出来,接受国外的教育,日后也好谋生。于是在1879年6月,十三岁的孙中山离开家乡,投奔在檀香山的哥哥。在檀香山接受了基本的教育之后,十八岁的孙中山又来到香港西医书院学医,并在毕业后成为一名医生,在澳门行医。

身在海外,对于大清种种丧权辱国的行为自然了解得更加透彻,出于一个淳朴的中国爱国者的心思,他想到要跟政府提建议,于是他给驻美大使郑藻如写了一封信,阐述了自己的治国方案,并

说,照此实行,大清强盛有望。对于这样一个毛头小子的狂妄之言,郑藻如自然不会去理会。

第一次被拒绝之后,孙中山没有泄气,他认为大清官员都是糊涂虫,自己的建议应该找个明白人,由这个明白人替自己向政府反映,这样应该就可以实现自己的理想了。于是他就向当时鼎鼎有名的郑观应写了一封阐述自己治国理念的信,期望得到他的回复。

郑观应可不是大清官员那样的棒槌,他不仅有思想,而且还是一位实干家,理论、实践都拿得出手,孙中山认为这样的人应该是自己的知音。可惜信寄出去了,还是石沉大海,没有回音。

不过孙中山还是没有死心,觉得可能自己找的人级别不够,对自己的认知有限,这一次,就再找一个大人物,找谁?李鸿章。李鸿章是当时大清官场唯一的明白人,跟他谈自己的理想,应该能得到重视。孙中山又给李鸿章写信,这次他还担心自己受的西方教育太深,中文底子薄,特地找了好友陈少白对自己的信进行润色。一切都弄完之后,孙中山这次信心满满,想着自己的理想一定不会落空。但最后还是收获了失望。

三次重大打击,使得孙中山的心拔凉拔凉的,觉得和这样的政府难以进行合作,唯一能做的就是彻底决裂。于是孙中山决定另起炉灶,自己来干。此时,又正逢甲午战败,清政府签订了《马关条约》,让孙中山觉得大清已经无可救药,只有推翻它,实行民主,才能挽救中国。

孙中山是一个容易激动的人,在他看来,大清如此腐败无能,这样的政府只会欺压人民,肯定得不到人民的支持,只要自己打响造反的第一枪,那肯定响应者众多,推翻大清的统治,就指日可待了。于是,他就在香港召集几个好友,成立了一个反清组织——兴中会,并准备在广州发动起义。

事情想着容易,做着难。孙中山在兴中会连中华民国第一任大总统是谁都想好了,就没想到起义如何做才能成功。由于准备不机密,起义计划泄露,大清连军队都没派,只派了几名巡捕,就把孙中山的组织给破获了,孙中山急忙逃走,第一次起义就这么被扑灭了。

造反的事业既然已经开始,就不能停,孙中山也没打算停。于是他在海外奔走,不断高呼要推翻清政府,建立民国。他的宣传在海外华人当中很有效,华人都觉得自己在海外地位不高,都是那没用的大清政府给弄的,再看看国内也被日本人欺负得不像样,这样的政府是应该被推翻,于是纷纷支持他。这样,孙中山在海外的名气越来越大。

但要推翻大清,仅靠孙中山一人是不行的,好在这时大清政府已经是天怒人怨了,国内越来越多的人都憋着劲要跟大清干一仗。在这群人当中,造反意志最坚定的却是一群年轻的读书人。

第四节　书生造反

一直以来,中国的读书人是最安分的,因为有科举保证,读书人只要努力读书,就有改变命运的那一天。但到了清朝末年,越来越多的读书人认识到八股文没有什么用处,因此,开始转向学习西方的文化,希望从中找到振兴国家的出路。

学习西方的文化,在大清,是学不了的,只有去国外,但欧洲太远,不是特别有钱的人,是不可能去欧洲学习原汁原味的西方文化的。因此,众多的读书人就选择去临近的日本。因为日本和中国的习俗很相似,文字也比较接近,即使不认识日本字,一张报纸拿在手里,连蒙带猜,也能知道大概的意思。更吸引读书人的是,日

本以前是中国的小弟，就是因为学习了西方之后，不到一百年，就把中国打翻在地，而且还有长期欺压中国的苗头。日本的榜样刺激了中国，大家想自己应该比日本人聪明，要是在日本学到了西方文化，也应该要不了一百年，就能扬眉吐气了。于是清朝的读书人一窝蜂地往日本跑。

大清政府也不是傻子，知道这些读书人跟自己离心离德，因此，特地和日本政府说好，请他们帮大清严加管束这些书生，不能让他们在日本计划反对大清。日本政府拿了钱，自然答应，还成立了专门管束留学生的组织，但对于中国留学生学习的东西和不公开做的事，倒不干涉。

这样的环境，自然比在大清要自由得多，于是一帮读书人和在国内造反失败的读书人都跑到了日本，在日本也不去念书，就琢磨着成立反清组织，继续进行反清事业。没多久，孙中山也来到了日本。他名气大，又会宣传，一下子就把一大帮读书人都召集在一起，对他们说："我们共同的事业是反清，但不能各干各的，不然很容易被大清给各个击破。现在我们国内的反清骨干都在这里了，那么我们应该联合起来，形成一个组织，大家集中力量，共同行动，只有这样，我们的事业才能成功。"

大家一听，觉得还真是老手，看得比他们长远，纷纷赞同他的主张。1905年7月30日，在东京成立了同盟会，同盟会确立了孙中山提出的"驱除鞑虏，恢复中华，创立民国，平均地权"的主张。同盟会的成立，使得中国革命的浪潮一日千丈，也让更多的海外华侨和国内民众知道有这么一个铁心要革命的组织了。

同盟会成立后，做的第一件具有轰动效应的事，就是和康有为领导的保皇党人进行论战。双方都是以读书人为主的组织，但宗旨、目的和手段完全不一样，于是，在一起吵了个不亦乐乎。虽然康有为名为宗师,但在同盟会一帮现代读书人面前,其见识就显得落伍了。几场论战打下来,同盟会的主张得到了更多人的赞同。

同盟会里的书生不仅能文战,来武的也不含糊。在日本待着,虽然安全舒适,但对于一群立志要推翻大清政府的年轻人来说,没有比抛头颅、洒热血的事业更值得追求的了。这些年轻人纷纷回国,在湖南、浙江、广州等地,发动了一次次起义。

同盟会成立后,发动的第一次大规模起义是萍浏醴大起义,奇异的是领导者是年轻的刘道一,当时只有二十三岁的书生,但对于推翻清廷的大业干劲十足。回到湖南后,这个年轻人不在城里待着,而是到乡村和山林拜访哥老会等反清组织,并且得到了这些江湖老油条的信任,甘愿受他驱使。

萍浏醴大起义规模大,如果真的起义成功,说不定大清就提前几年完蛋了。只不过,哥老会的人组织散漫,纪律性差,事情还没开始,就闹得满世界都知道了。结果,被清廷设了埋伏,抓获了哥老会的首领,又抓住了刘道一,起义胎死腹中。

准备响应刘道一起义的徐锡麟见战友死了,觉得自己要是躲避起来,就太对不住他们了。于是,在准备工作还没做好时,也仓促发动了起义。徐锡麟的起义震动很大,因为他成功地杀死了安徽巡抚恩铭。这可是封疆大吏级别的官员。

国内的起义前赴后继,领导人不仅有男人,还有女子。

秋瑾是一个富家女子,她的丈夫也算是一个有前途的官员,按照她的人生规划,是无论如何也不会跟革命联系在一起的。但秋瑾却放弃了安逸的家庭生活,先到日本求学,然后加入了同盟会,并且革命的意愿最坚决。她曾写过一首诗:"不惜千金买宝刀,貂裘换酒也堪豪。一腔热血勤珍重,洒去犹能化碧涛。"表达了作为一个弱女子所拥有的不凡雄心。

回国后,秋瑾一边发起成立大通学堂,一边进行着起义的准备工作。但由于和其他起义者没有协作好,起义计划四分五裂,她还没有发动起义,就被清廷破获,人也被抓了。

秋瑾被捕后,不愿意跟清政府多废话,直接要求判处自己死刑,清廷也不敢跟她啰唆,直接杀了她。虽然这一系列的起义都失败了,但却让大清看到,反对自己的人的确是越来越多了。

第五节 首义枪声

1911年,大清又进入了一个多事之秋,可以说是社会矛盾总爆发,最严重的就是发生在四川的保路运动。保路运动的起因很简单,清政府为了镇压国内的造反,但又没钱养兵,只好向英、法、德、美四国银行借钱。但借钱容易,拿什么还呢?清政府就把主意打在了国内修建的铁路上。

清政府的算盘是把国内的铁路都收归国有,然后抵押出去,因为西方各国都对修筑中国铁路垂涎三尺,只要有了路权,基本上就能搞定借款的事。但是从前清朝已经把修路的事划归民间了,各地都在自筹资金进行修路,现在,铁路要收回,各地也没什么意见,那就把先期投入的钱还给百姓,大家两清。就这样一个要求,大清却拒绝了,于是,遭到了各地的反对,反抗最激烈的就是四川,最后竟然发展到武力对抗政府。

大清觉得哪里都能乱,四川不能乱,又是因为路权而引发的,如果不处理好,就会引发联动效应,那全国各地收回路权的行动就要搞砸了,钱也借不到了。于是就派兵去镇压,而抽调的兵,就是离四川最近的湖北。

湖北的首府武昌,本来就是革命派的大本营,革命党人早就认识到掌握武装的重要性,所以,在军队里发展了许多革命党人,这些革命党组织和孙中山的同盟会虽然不是一个组织,但也有着千丝万缕的联系。他们早就计划要在辛亥年发动起义,推翻大清的统治。现在,见大部分兵力都被抽调走了,省城空虚,正好是起义的良机。

武昌的革命党人孙武等人为了起义,积极地做着各种准备,首要的是要准备武器。孙武在国外学会了制造炸弹,所以,他在武昌租了间房子,日夜赶制炸弹。这天,他和一群人正忙着做炸弹,没想到一位同事在旁边看得犯了烟瘾,就点了一根香烟,抽了起来。

这是制造炸药,不是做草药,一根香烟看着事小,却引发了大事件,炸药一下子就被点燃了,孙武当场被炸伤。武昌街头的巡捕听到炸药响,知道又是革命党人在捣乱,但想不到大白天就敢造反,马上包围了出事地点。

这边,孙武等革命党人正忙乱地收拾现场,看见巡捕来了,也慌了,革命党人刘复基抓起两颗做好的炸弹就扔了出去,没想到,该响的炸弹没响。这下巡捕知道这群人真是革命党,马上上前抓捕,慌乱之中,孙武逃走,彭楚藩、刘复基和杨洪胜被捕,革命党人的名单也落到了清廷手中。

抓到了革命党人,又得到了名单,武昌的清政府马上进行善后工作,先把三名革命党人立刻杀头,算是威慑一下同党,然后又决定,对着名单进行搜捕,有多少抓多少,一定要把造反的火焰扑灭。

殊不知,此时武昌的革命党人基本上都是军人,大家一看,政府在杀人了,还要按名单抓人,那自己还能跑?干脆,就拼个鱼死网破吧。于是,在1911年10月10日晚,武昌工程营士兵在党代表熊秉坤的带领下,首先发难,一声枪响后,士兵们蜂拥而出,攻占楚望台,然后开始攻打总督府。总督是个软蛋,一听说兵变,立刻带

着家眷翻墙跑到了军舰上。起义军攻占了总督府，宣告武昌光复，一直以来，以推翻满清为目标的起义，终于取得了成功。

第二天，起义军发现自己面临着群龙无首的局面，起义的领导人在头一天逃的逃，死的死，现在起义军没了领导人，一切都显得乱糟糟的，如果找不到解决措施，那就很容易让起义变成兵变，得不到支持。

于是起义者开始满世界为自己寻找带头大哥，找来找去，找到旅长黎元洪。黎元洪怎么敢做这事？当然是拒绝了。革命党人此时也容不得他推三阻四，就把他推到第一把交椅上，然后向大众宣布，黎元洪就是他们的领导，跟着他干没错。黎元洪官衔大，有名望，他一露面，整个乱哄哄的局面真的平静下来，起义形势也慢慢好转。

这时革命党人黄兴也赶到了武昌，立刻接过了指挥武昌保卫战的重任。黎元洪见有了帮手，再看看民众对大清已经彻底死心，想着自己不应该跟着大清殉葬。于是也打定了主意，决定真心做一个造反者。

就这样，黎元洪就任武昌军政府都督，他任命黄兴为前敌总司令，指挥前线事务，而经过十多天的坚持，全国各地都纷纷响应，清政府土崩瓦解就在眼前。

第六节　无可奈何花落去

武昌首义的枪声让清政府又惊又怕，他们怎么也想不到在统治的腹地竟然爆发了起义，如果不赶快镇压下去，那么整个局势就如同倒塌的多米诺骨牌一样，不可收拾。

但现在问题来了，要谁去镇压？整个内阁，说到当官拿钱，那阁员都是争先恐后，但要说到领兵打仗，就都说自己是外行，就连负责军事的部长，都说自己打不了仗。怎么办？就要请一个能打仗的人出来。这个人是谁？自然就是袁世凯了。

袁世凯自从被赶出官场，回到河南老家后，倒是一刻也没闲着，一直都在想如何东山再起。现在武昌传来了造反成功的消息，自然是他最好的复出机会了。只不过，袁世凯是老狐狸，他自然不会主动请战，而是要等着清廷来请自己出去。

摄政王载沣这个时候已经是热锅上的蚂蚁，到处找不到人救火。这时，有人提议让袁世凯出山，载沣知道，这个时候是不答应也得答应了。于是派人去请袁世凯。袁世凯想，跟你打交道还有个好？不去！载沣也知道自己把袁世凯得罪狠了，只好与内阁一起辞职，让袁世凯来当内阁总理。袁世凯见死对头走人了，自己当政府一把手，这才出山管事。

只不过，此时袁世凯也不打算挽救清廷了，他指示北洋军队的首领冯国璋在前线不要真打，只给革命党造成压力就停止。但冯国璋想不通为什么，还是在真打，一打，就占领了汉阳和汉口，只留下武昌。形势危机，黄兴主张放弃武昌，向下游转移，保持力量，以图东山再起。但他的意见遭到了反对，只好辞职走人。而此时，袁世凯也撤换了冯国璋，派更聪明的段祺瑞主持，然后对革命党人喊话，要求谈判。

革命党人没想到袁世凯在占优势的情况下不打了，还要求谈判，纷纷把袁世凯当革命的功臣，说只要他能让清廷退位，民国第一任大总统就是他的。袁世凯要的就是这个条件，马上回来跟清廷主持大局的皇太后说：“革命军太厉害了，我们打不过，他们要求皇帝退位，实行共和，怎么样？我们答应吧？"清廷一听，这也能答应？不行！

袁世凯说:"不行,那你们自己去打吧。"

清廷这边形势是一天天烂下去,而革命党这边,形势却是一天天好起来,因为孙中山回来了。革命党声势大振,孙中山一到上海,就发出了要把革命进行到底的号召,说:"我们跟清廷有什么谈的?敌人不投降,就让他灭亡。现在中国的南方几乎都独立了,我们的力量足够了,北伐,还怕收拾不了袁世凯?"

的确,这个时候收拾不了袁世凯。因为南方大部分省份虽然都宣布独立了,但革命政府力量还太小,收拾地方一摊子事都忙不过来,哪里还能有力量去北伐?袁世凯却兵精粮足,又有西方列强支持,打肯定是打不过的。所以有人就跟孙中山说,真的不能打,一打,革命果实就完了,所以还是谈判为好。

孙中山此时也清醒了,他同意了这个建议,马上派代表去和袁世凯谈判。袁世凯见对方谈判的规格高了,也知道自己要的筹码就更有效了。于是也非常热心地进行谈判工作。

双方的谈判代表在上海进行谈判,对于清廷,孙中山的态度非常坚决,那就是清廷必须滚蛋,不能有半点含糊。只要皇帝退位,那么就一定让袁世凯当民国大总统。

袁世凯拿到了这个条件,立刻回来逼清廷,他对隆裕太后说:"现在皇帝退位,我可以保证民国对皇室有优待条例,如果不退位,那么,皇室人员的安全我也无法保证了,你看着办吧。"

隆裕太后是一个女人,以前太平时还想学慈禧掌权,现在一看这情形,才知道以前看着慈禧神气,那责任也是够大的。她没这个本事,自然也拿不出主意,只有抱着皇帝在那里哭。

满族贵族良弼还不服气,嚷着要跟革命党决一死战。在北京的革命党人一看,这家伙还那么死硬,想阻拦皇帝滚蛋,那就先让你滚蛋吧。年轻的同盟会员彭家珍挺身而出,夜探良弼府,用炸弹炸死了良弼,自己也献出了生命。

良弼可以说是当前皇族人最后有能力的人,他一死,皇族人都吓破了胆,不等袁世凯来催促,自己都去当说客,劝说隆裕太后同意退位。没办法,隆裕太后只得让袁世凯全权做主,只要能保住性命,不要说退位了,什么都答应。

北京这边,袁世凯在步步紧逼,南方的孙中山也没闲着,为了防范袁世凯窃夺革命果实,他毅然决定就认中华民国临时大总统,给清政府最后一击。

1912年1月1日,孙中山在南京宣誓就任中华民国临时大总统。1912年2月12日,溥仪被迫退位,清朝统治彻底结束。